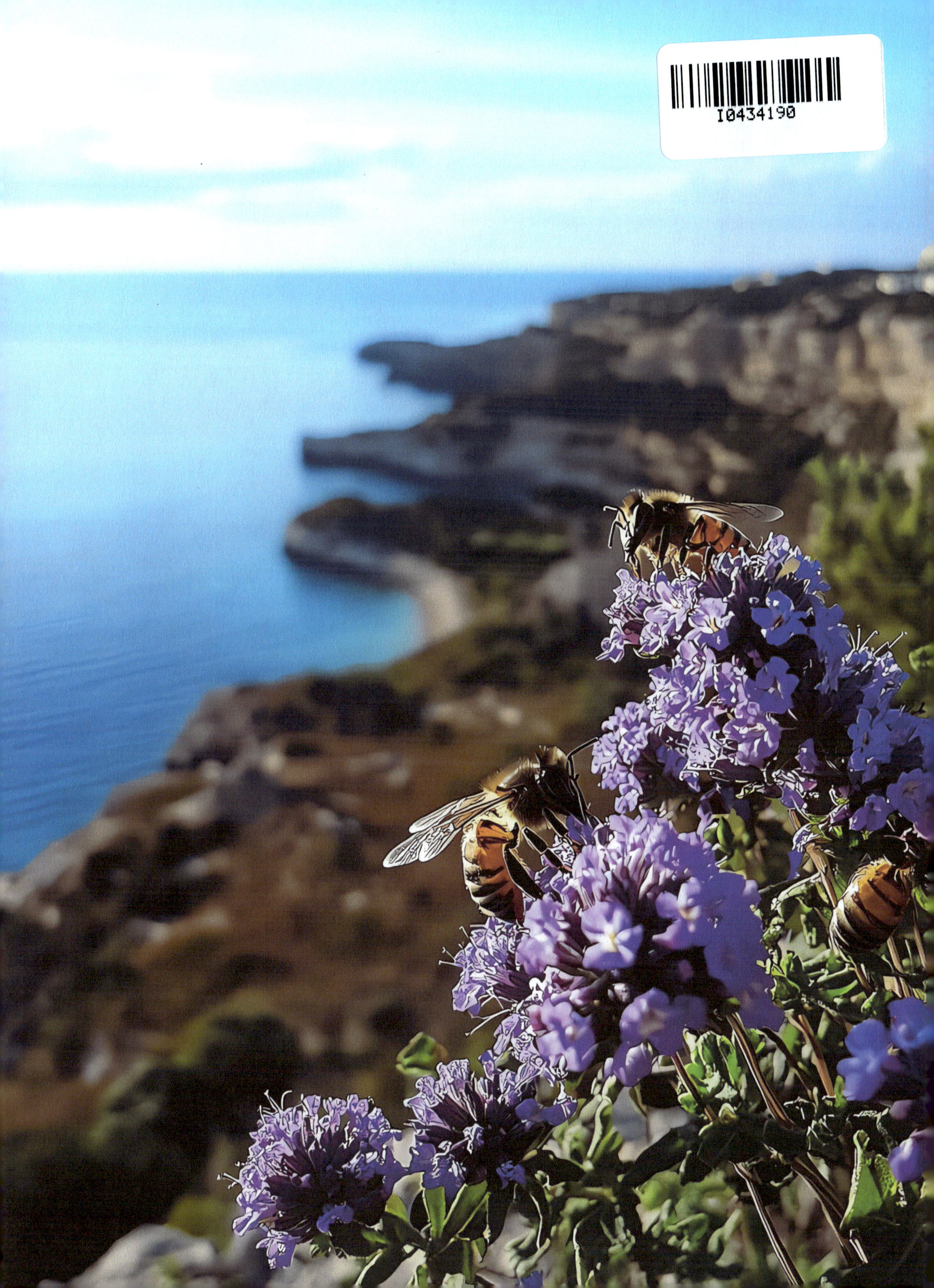

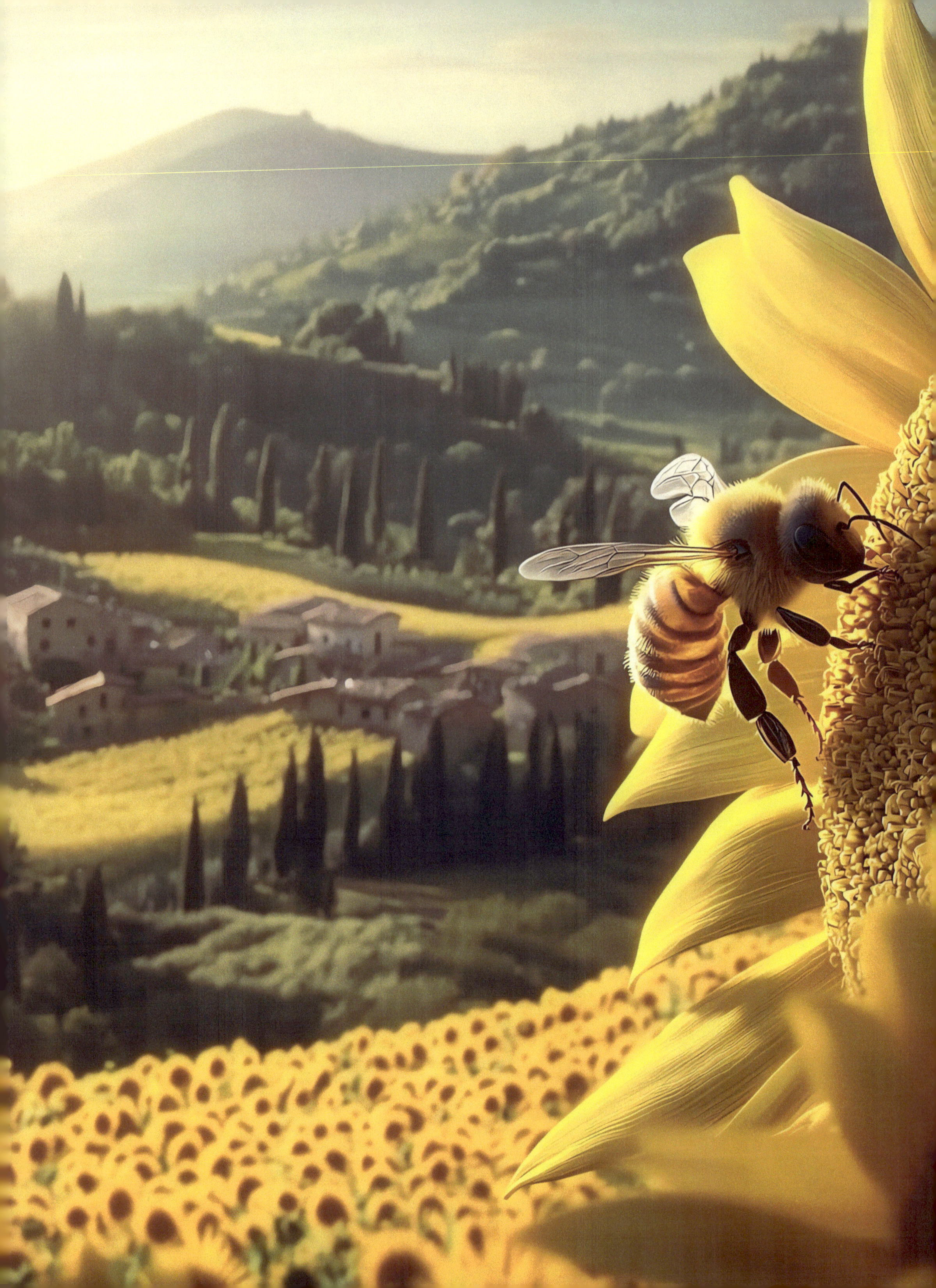

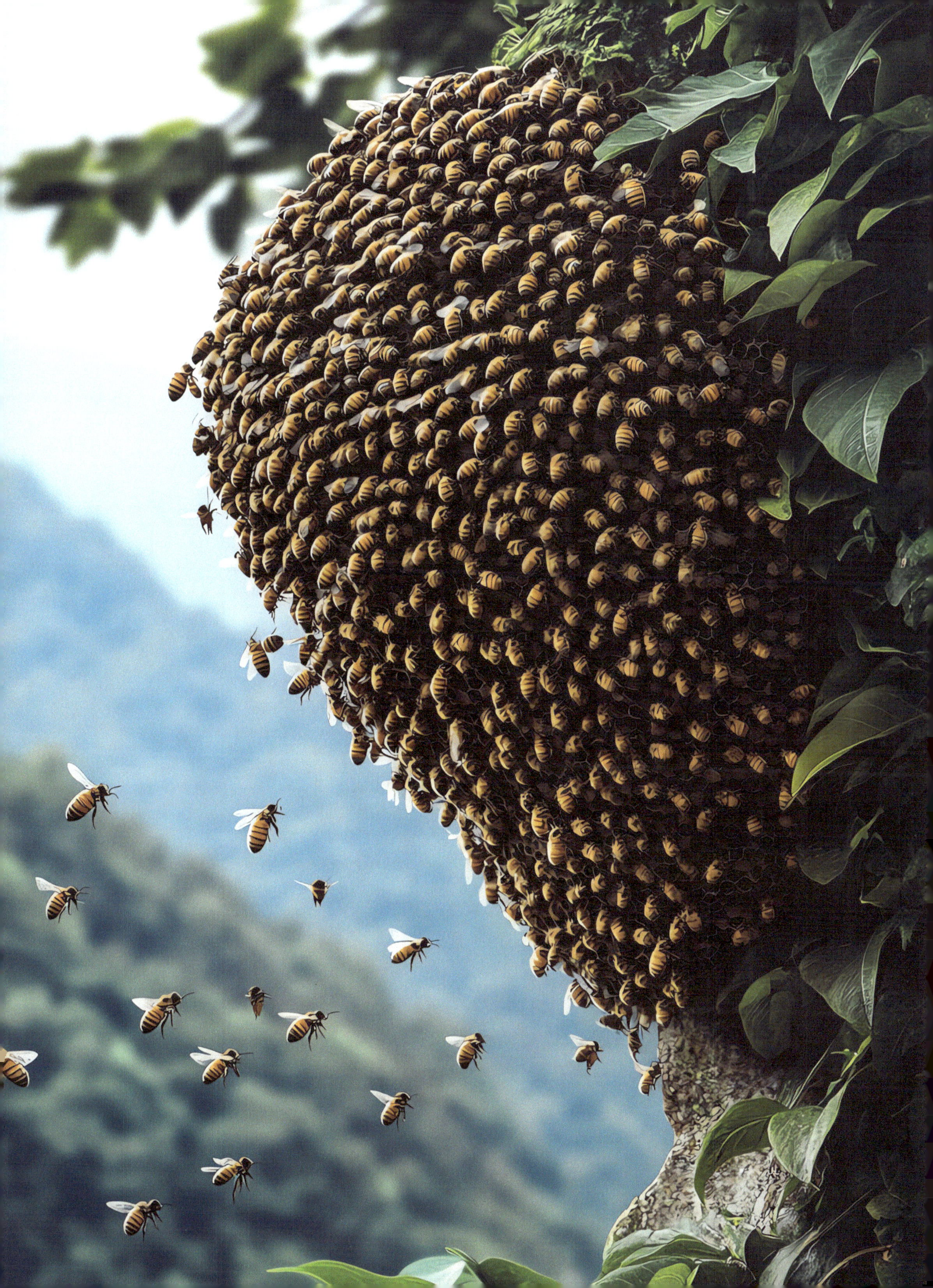

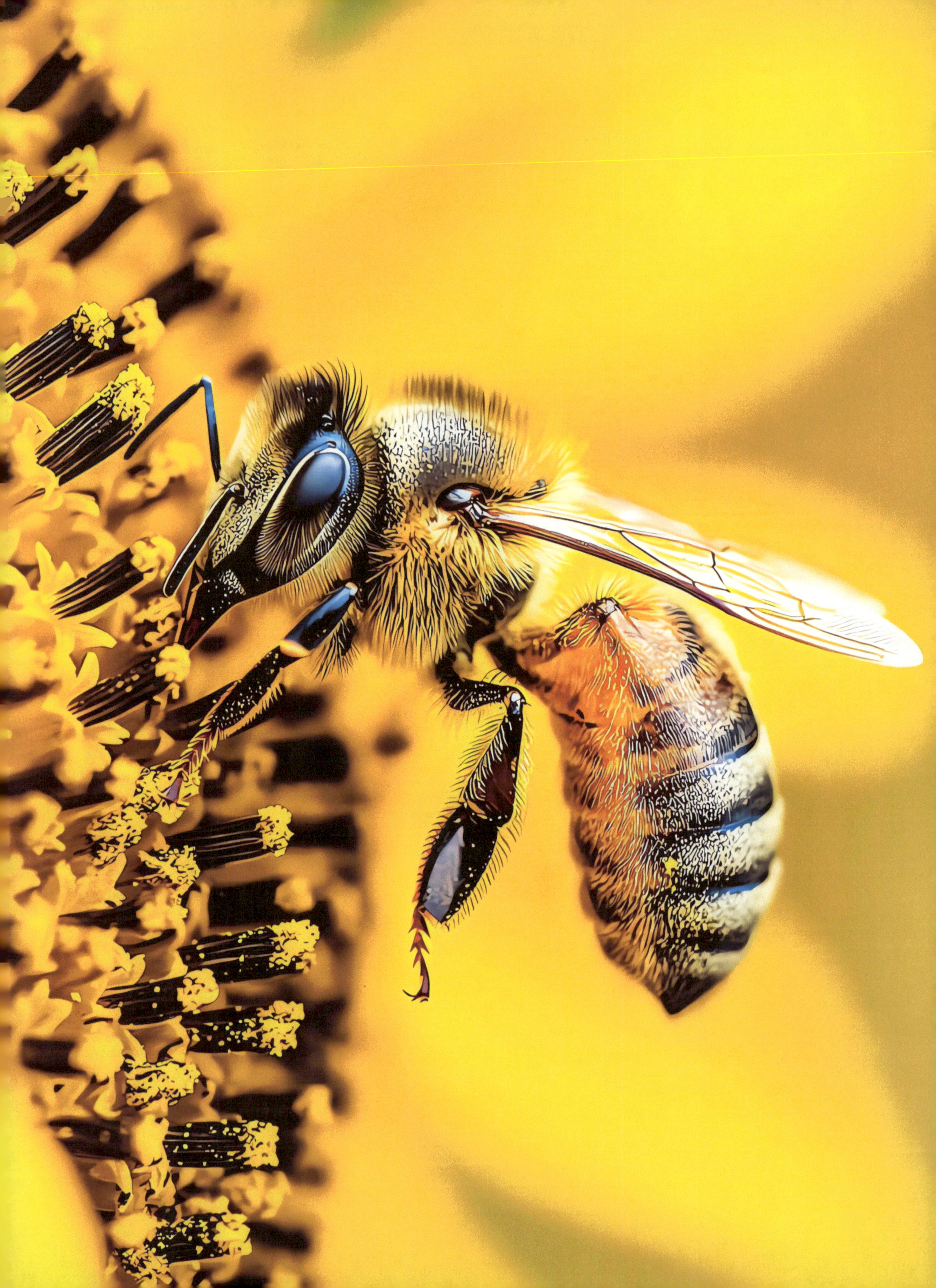

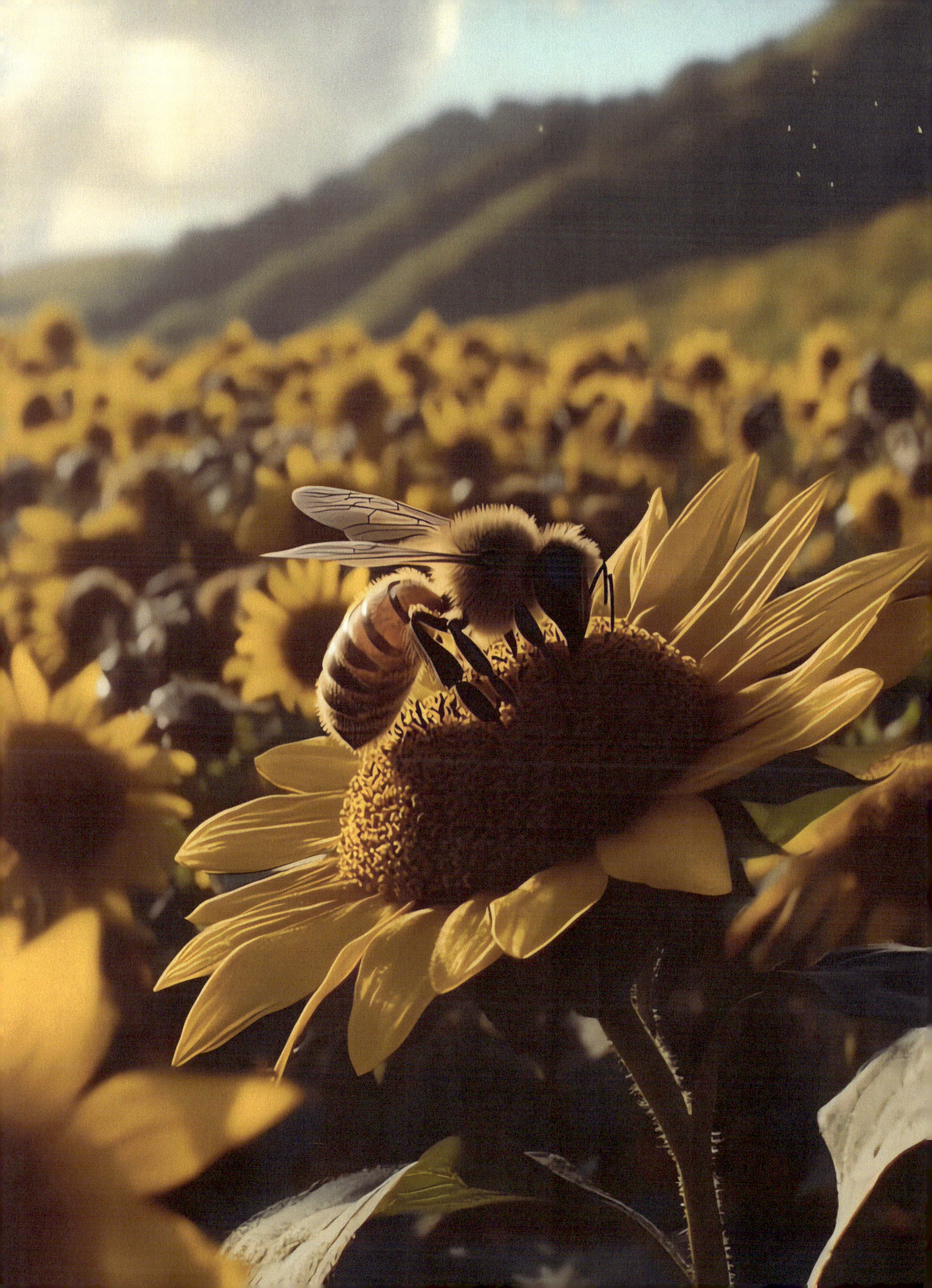

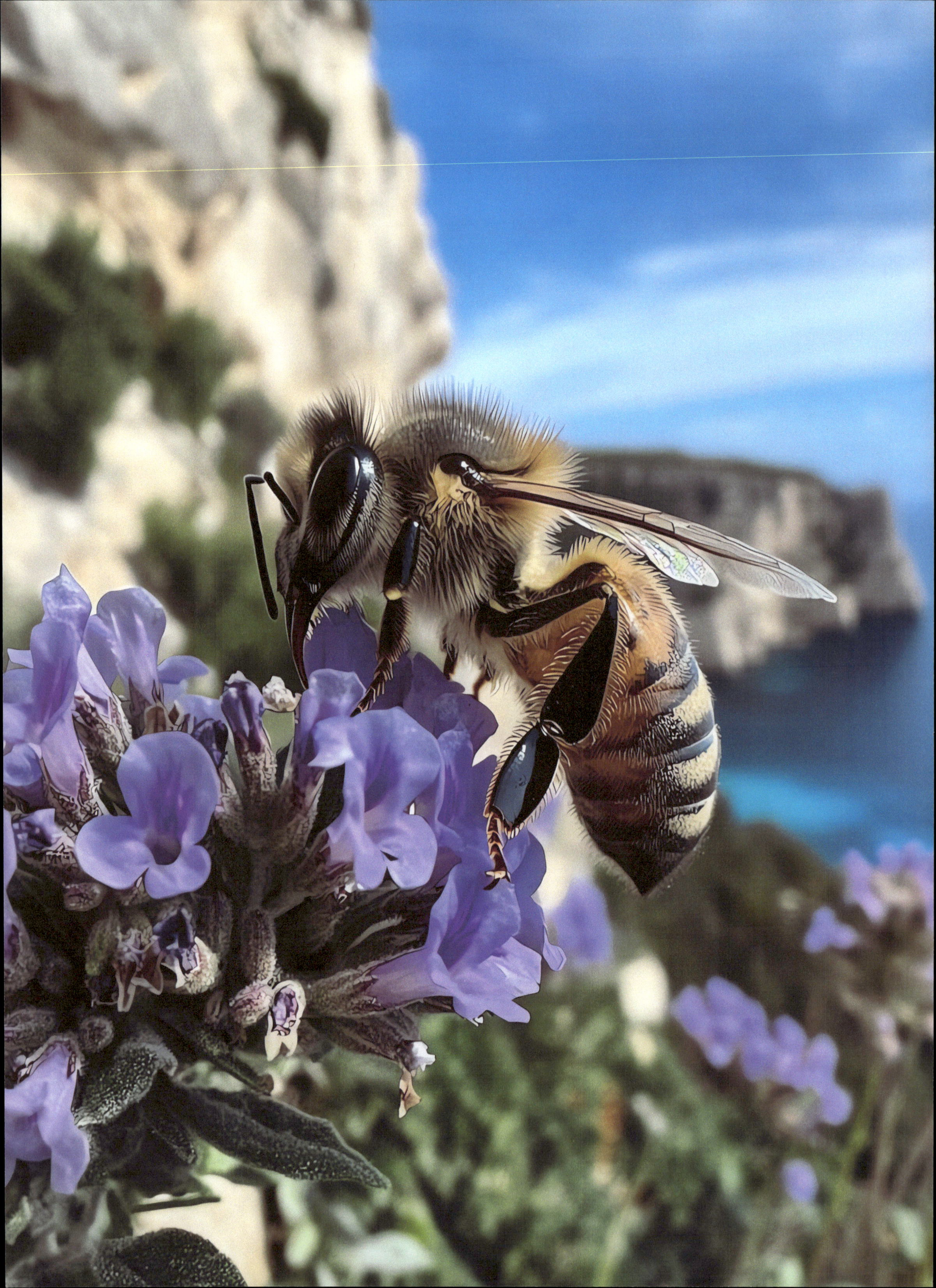

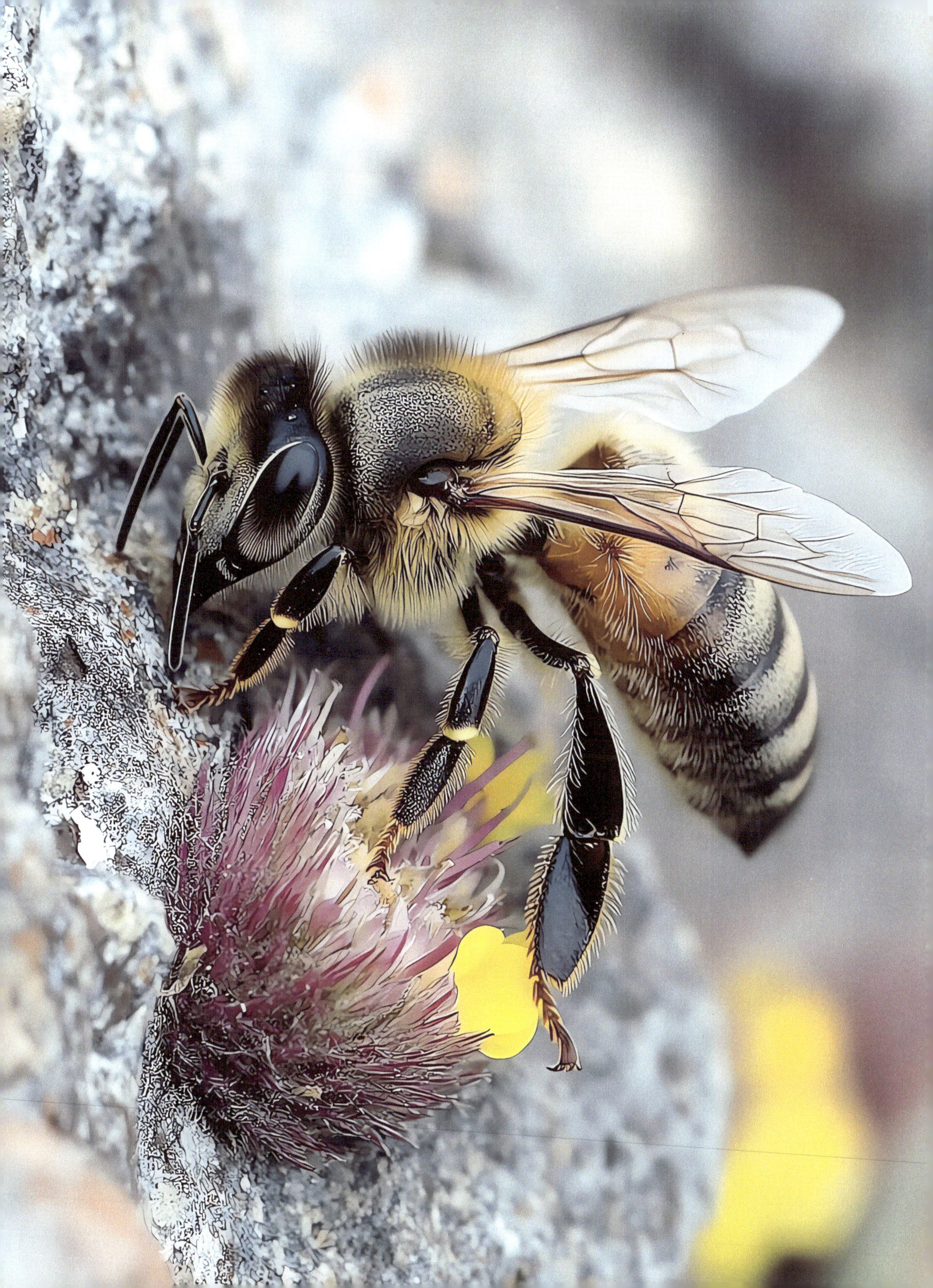

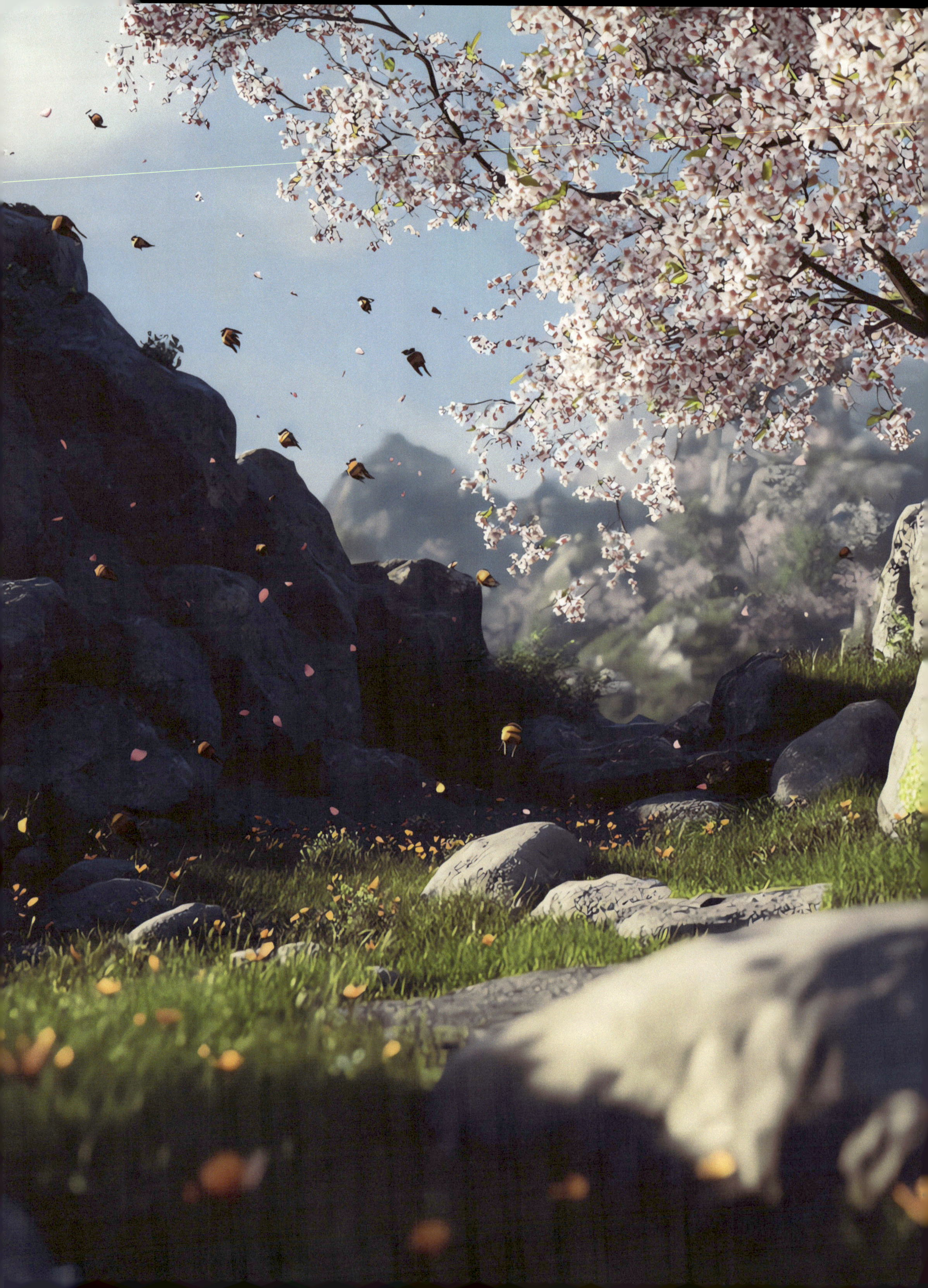

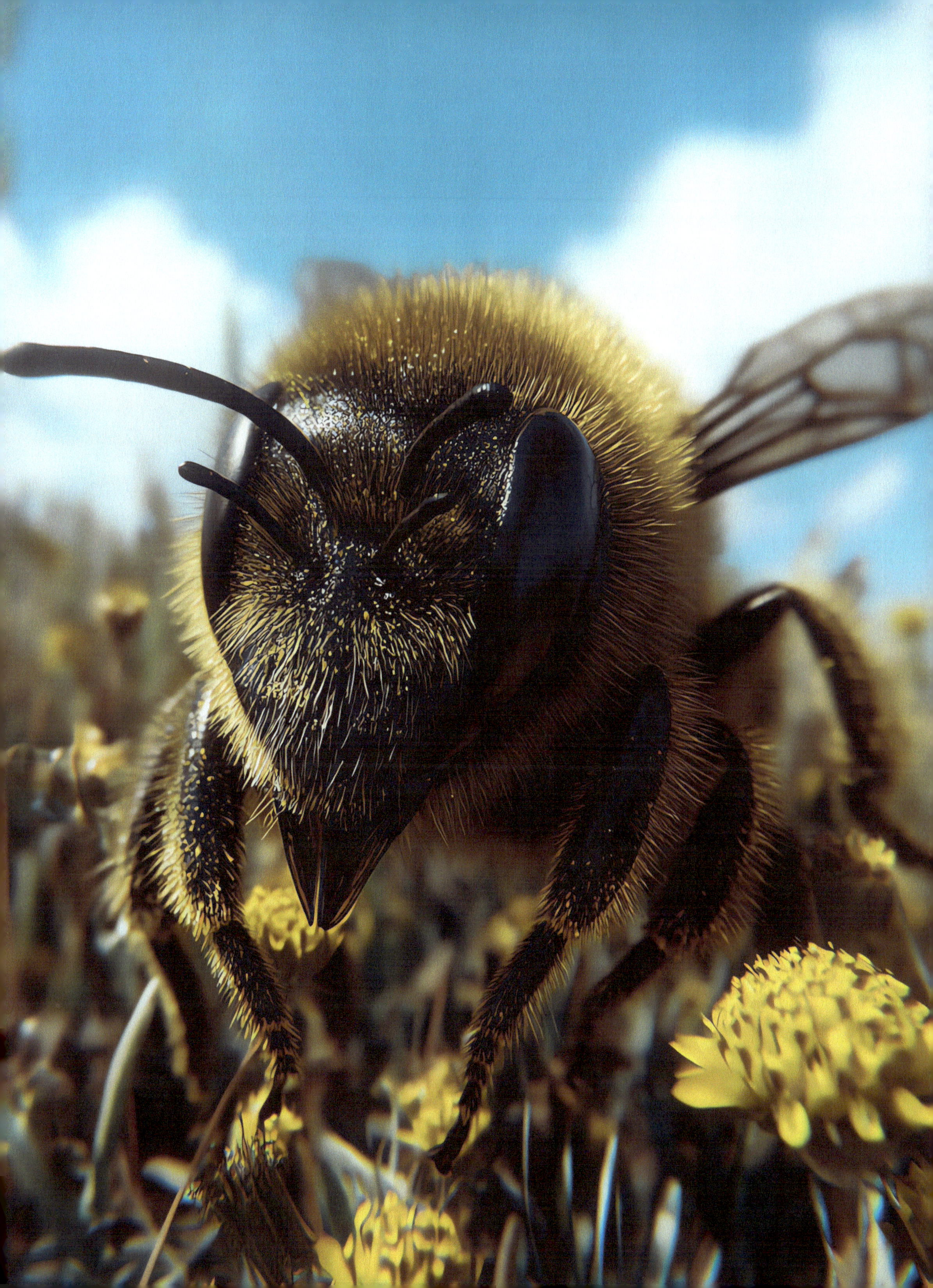

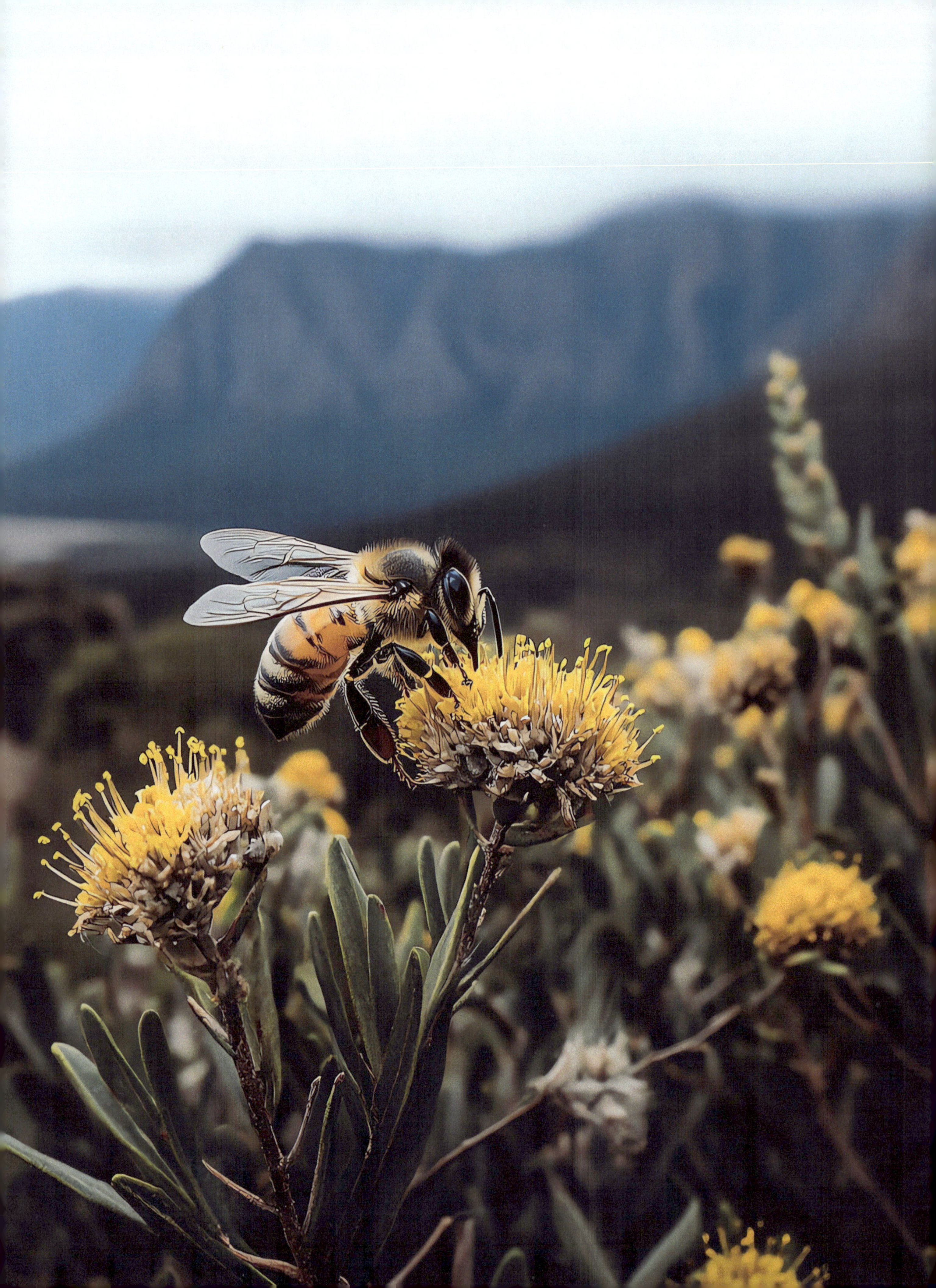

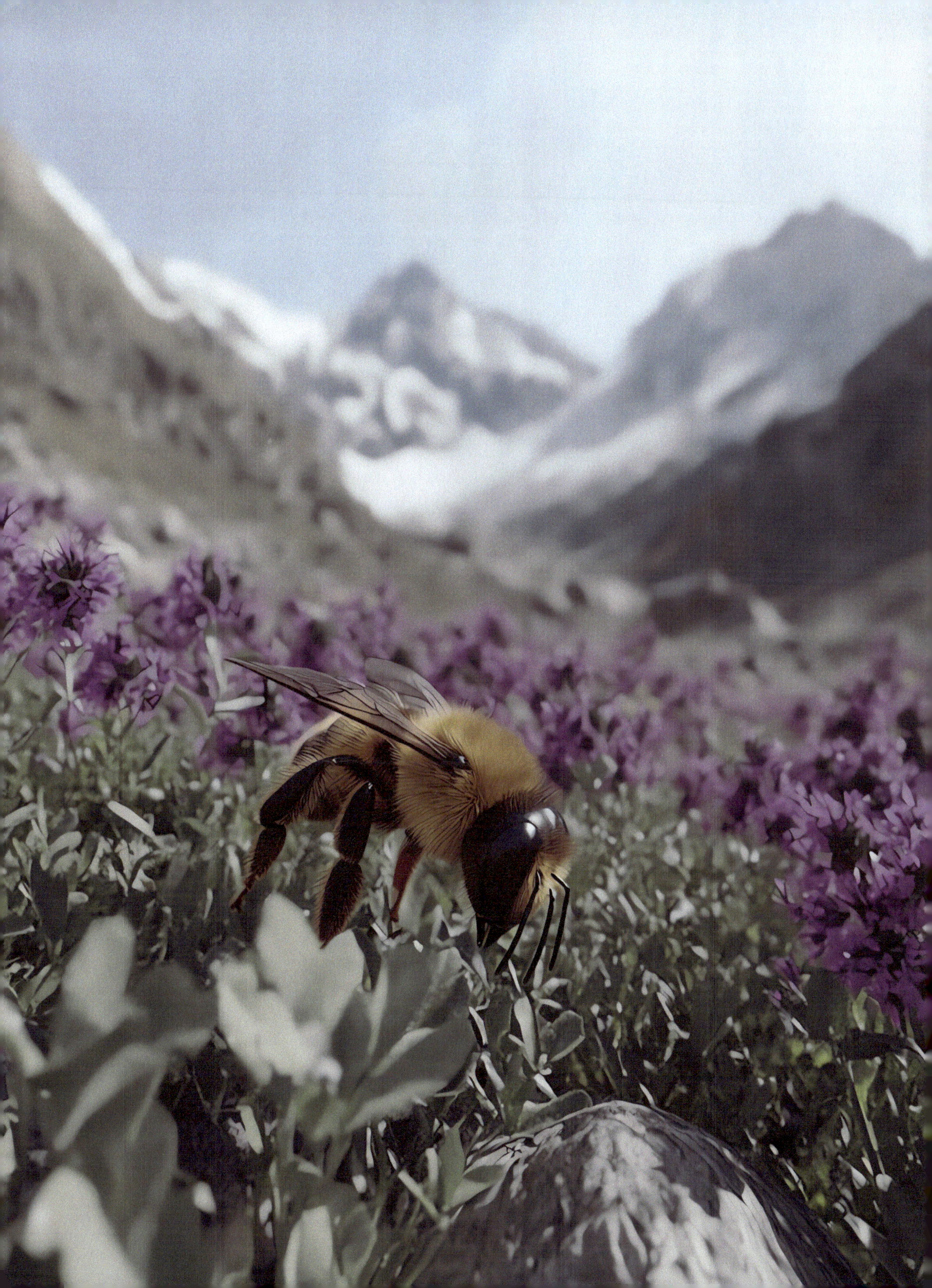

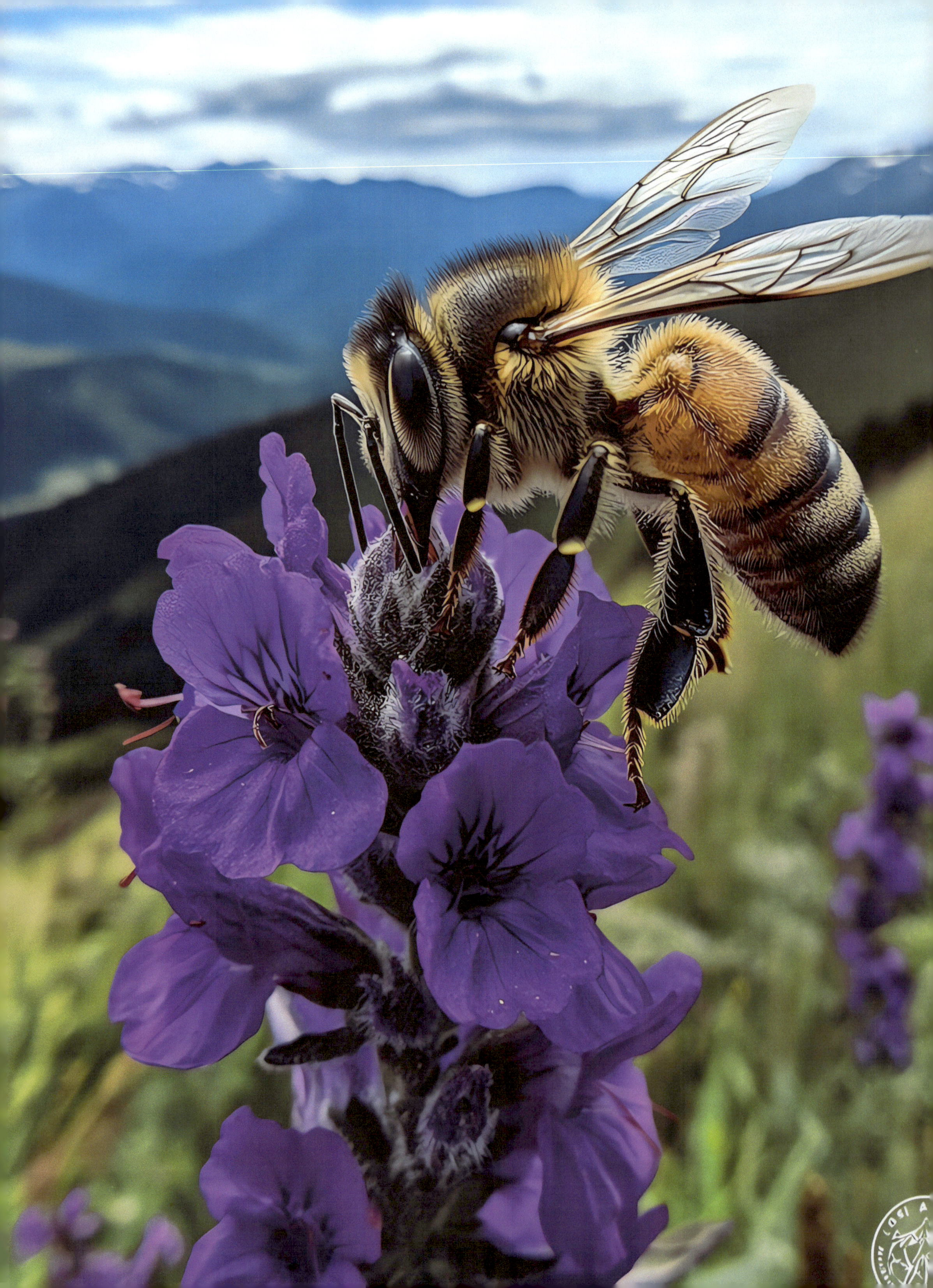

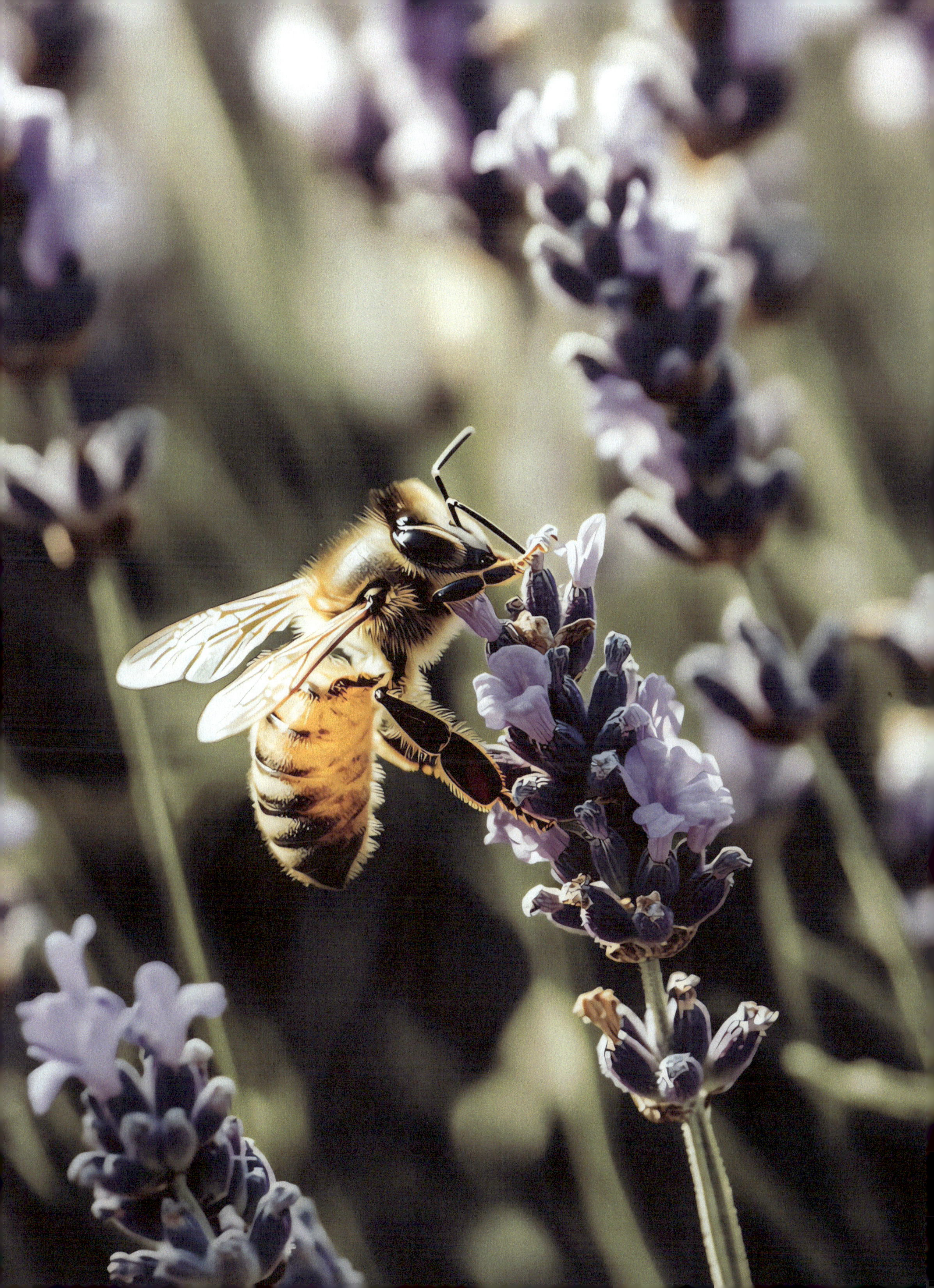

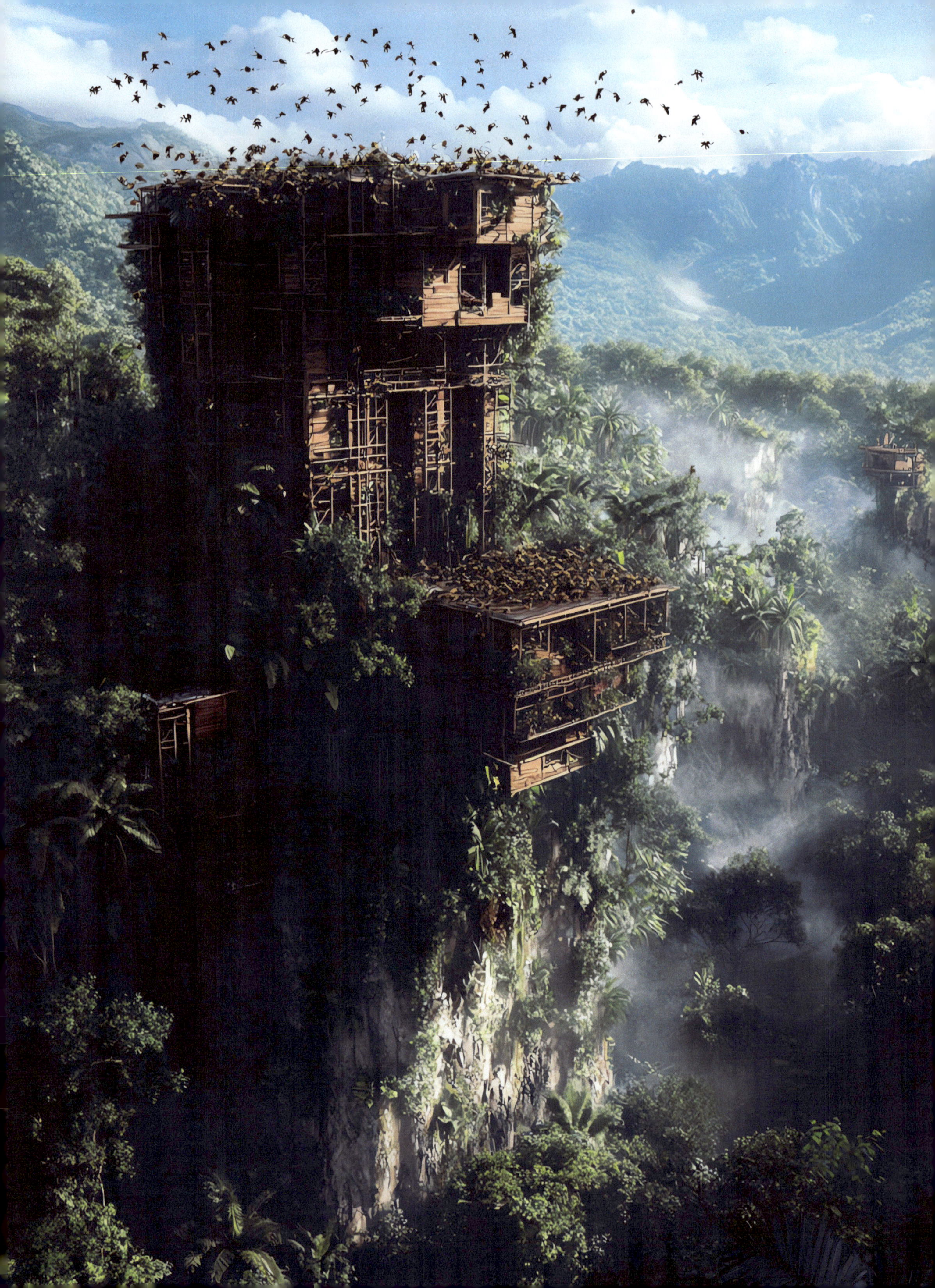

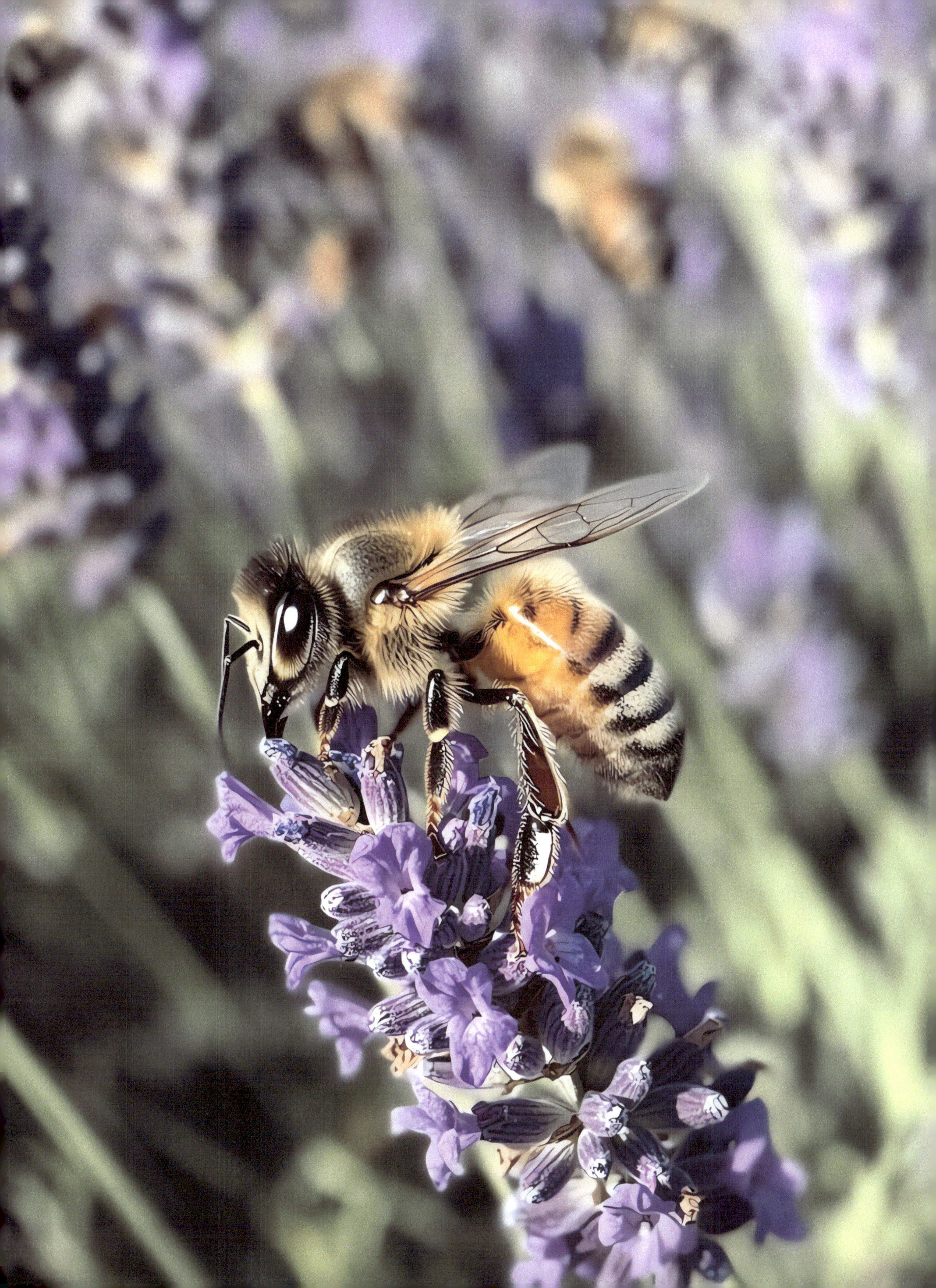

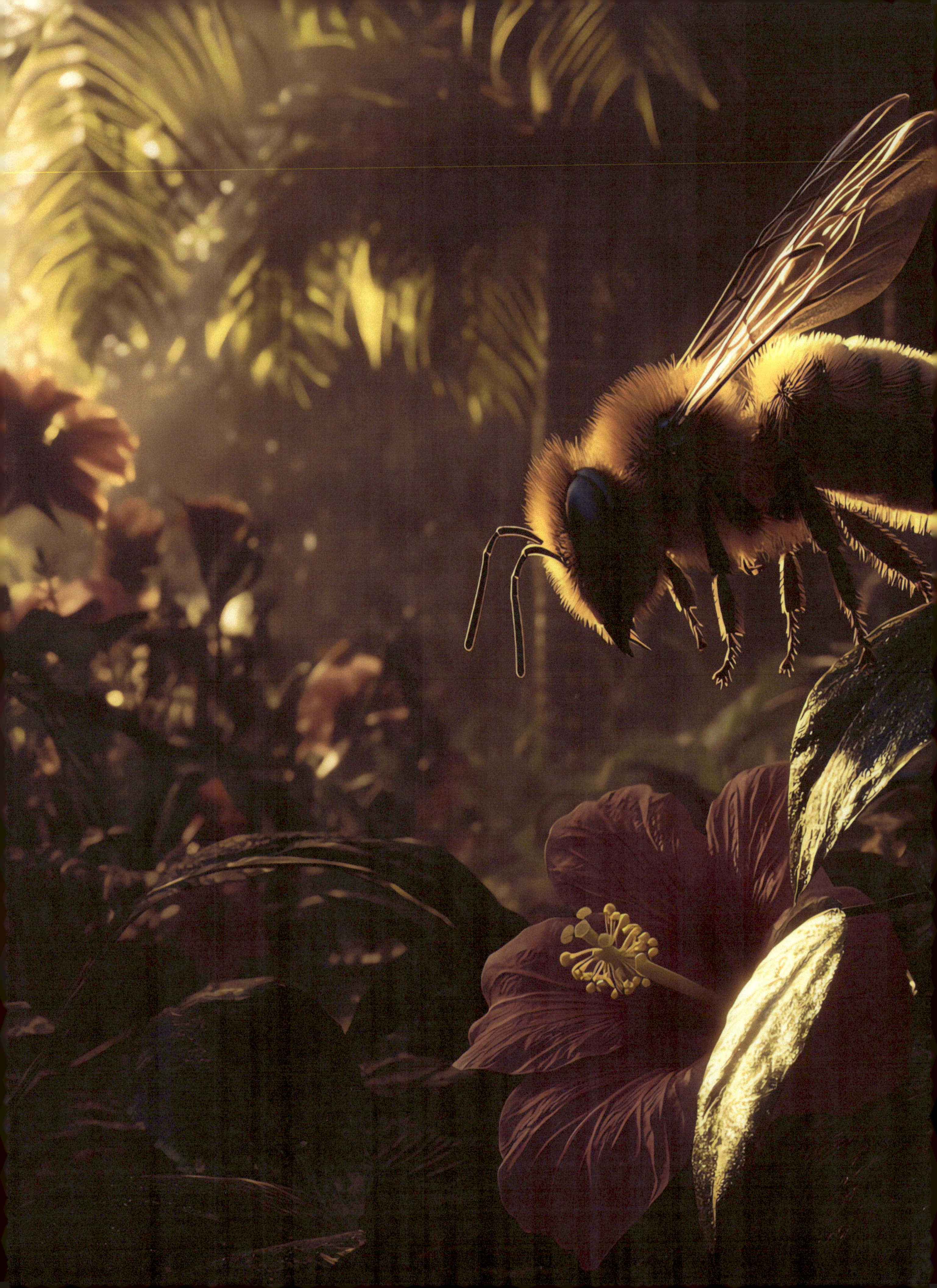

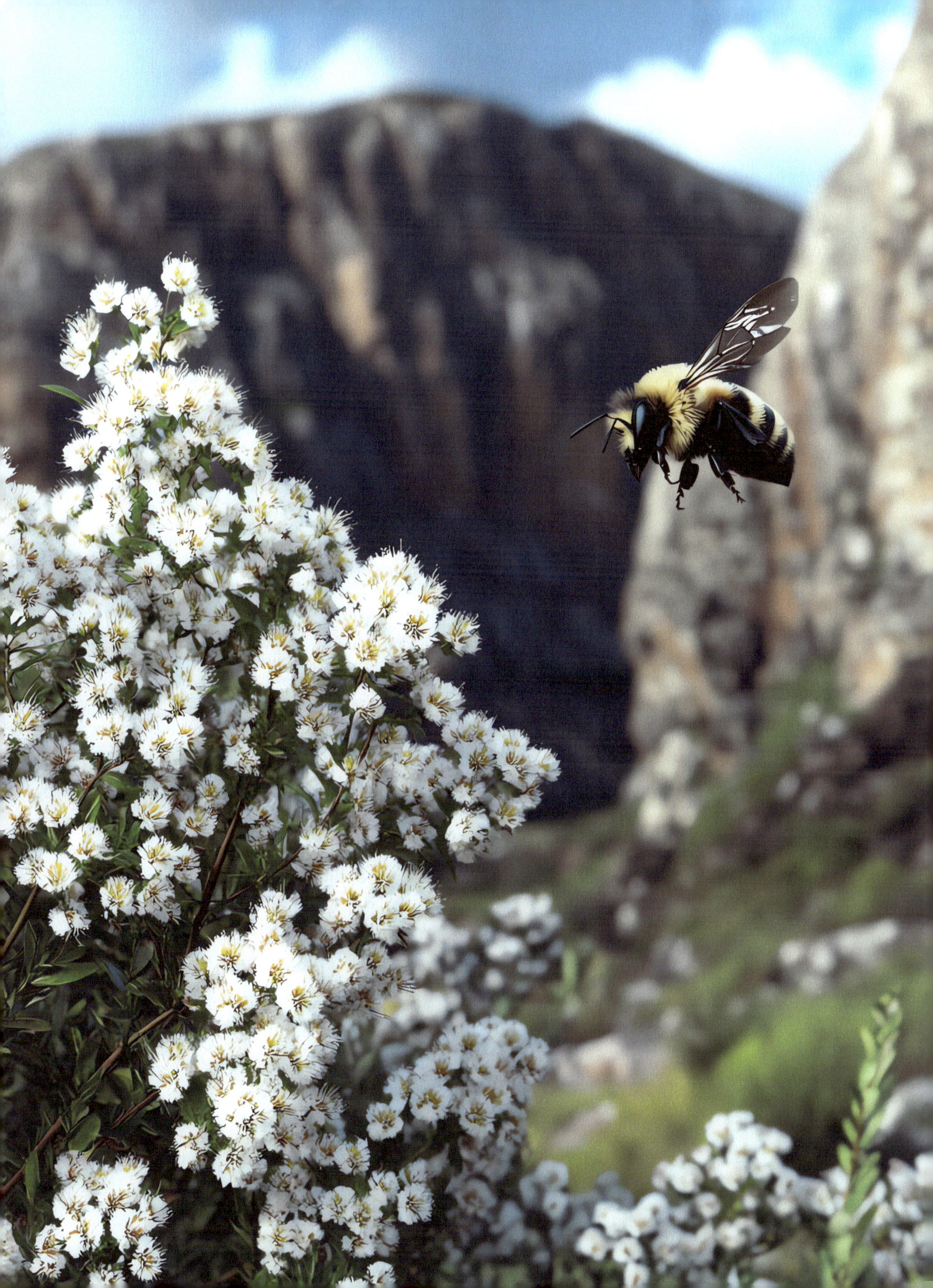

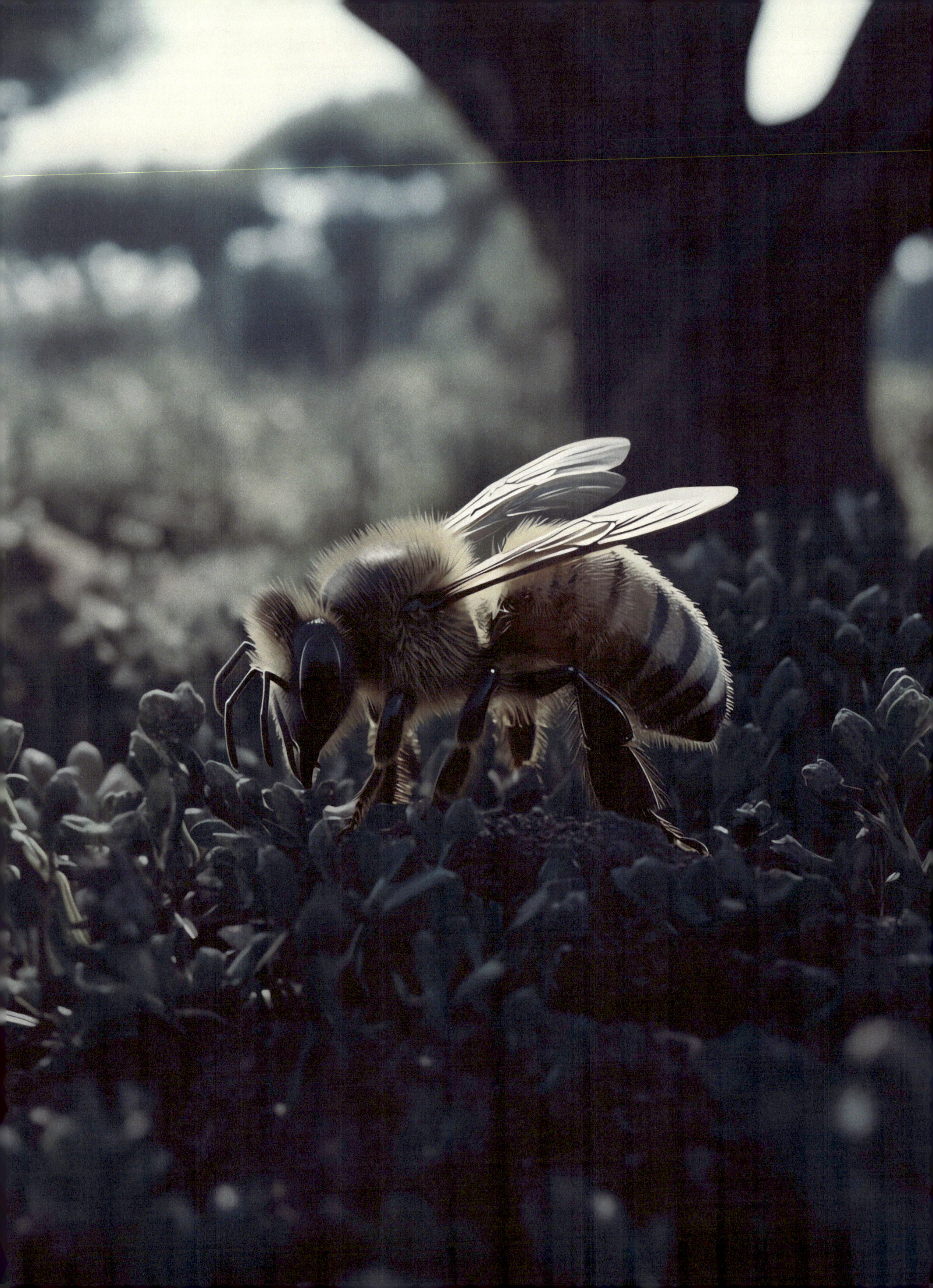

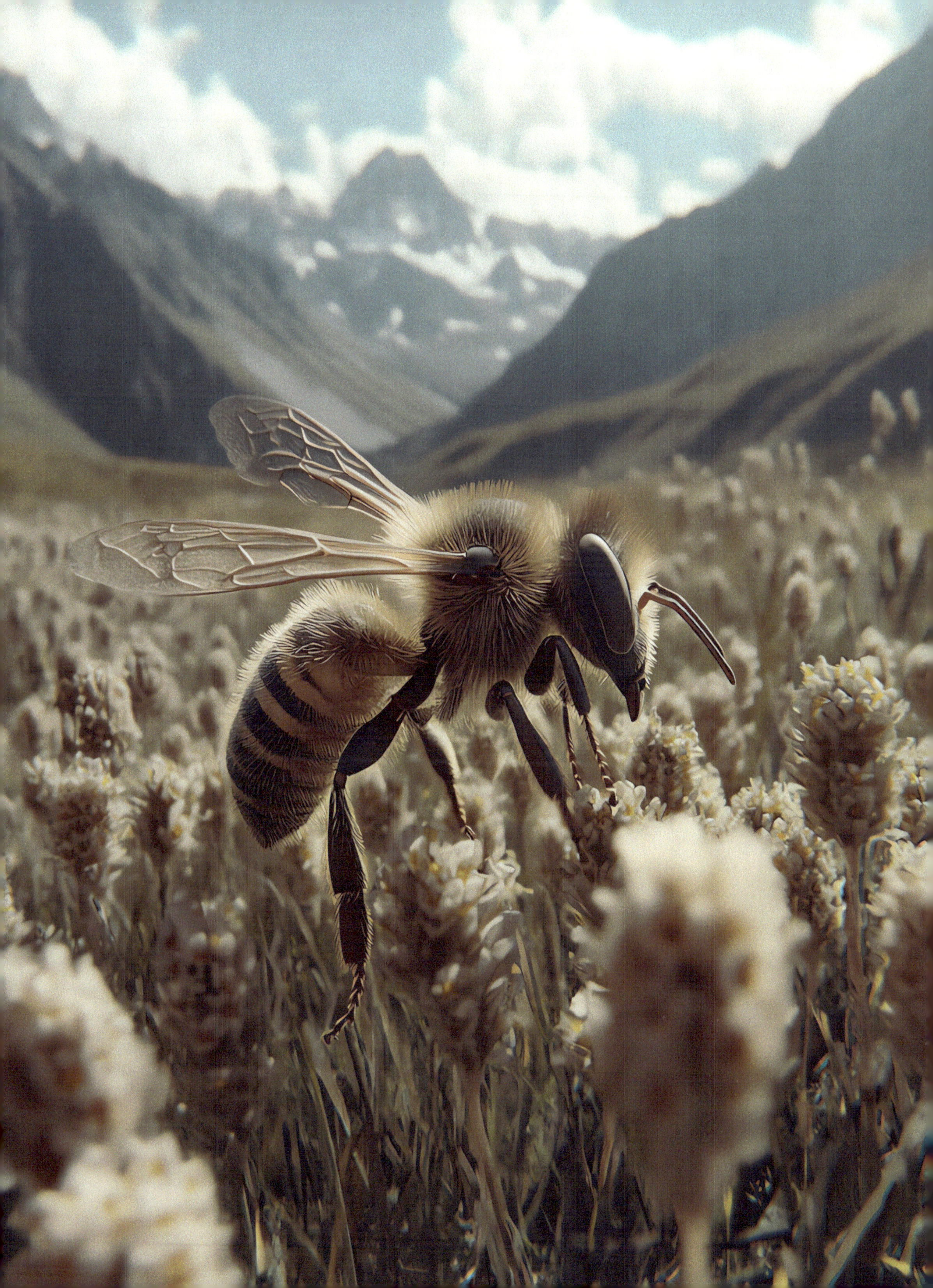

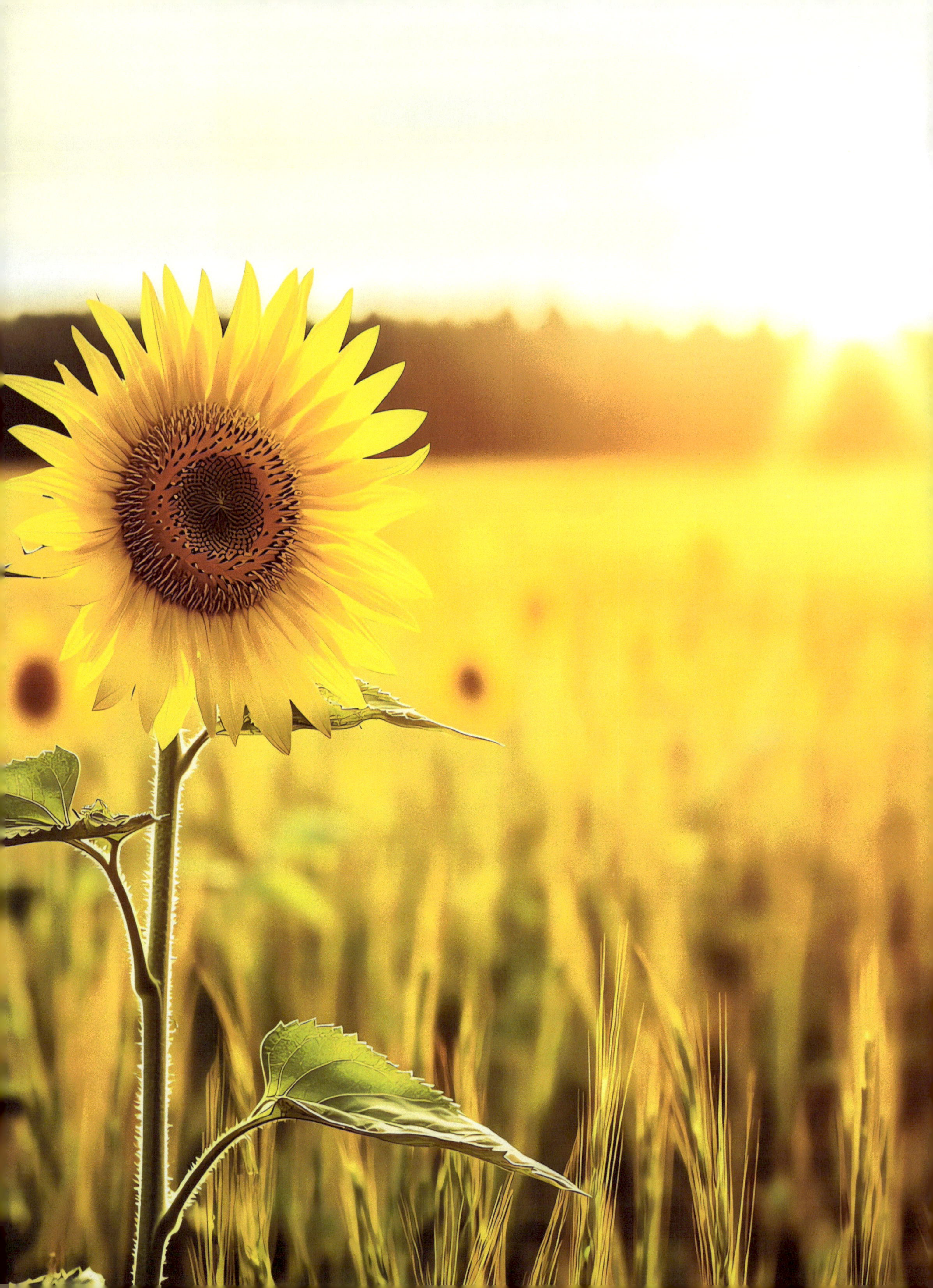

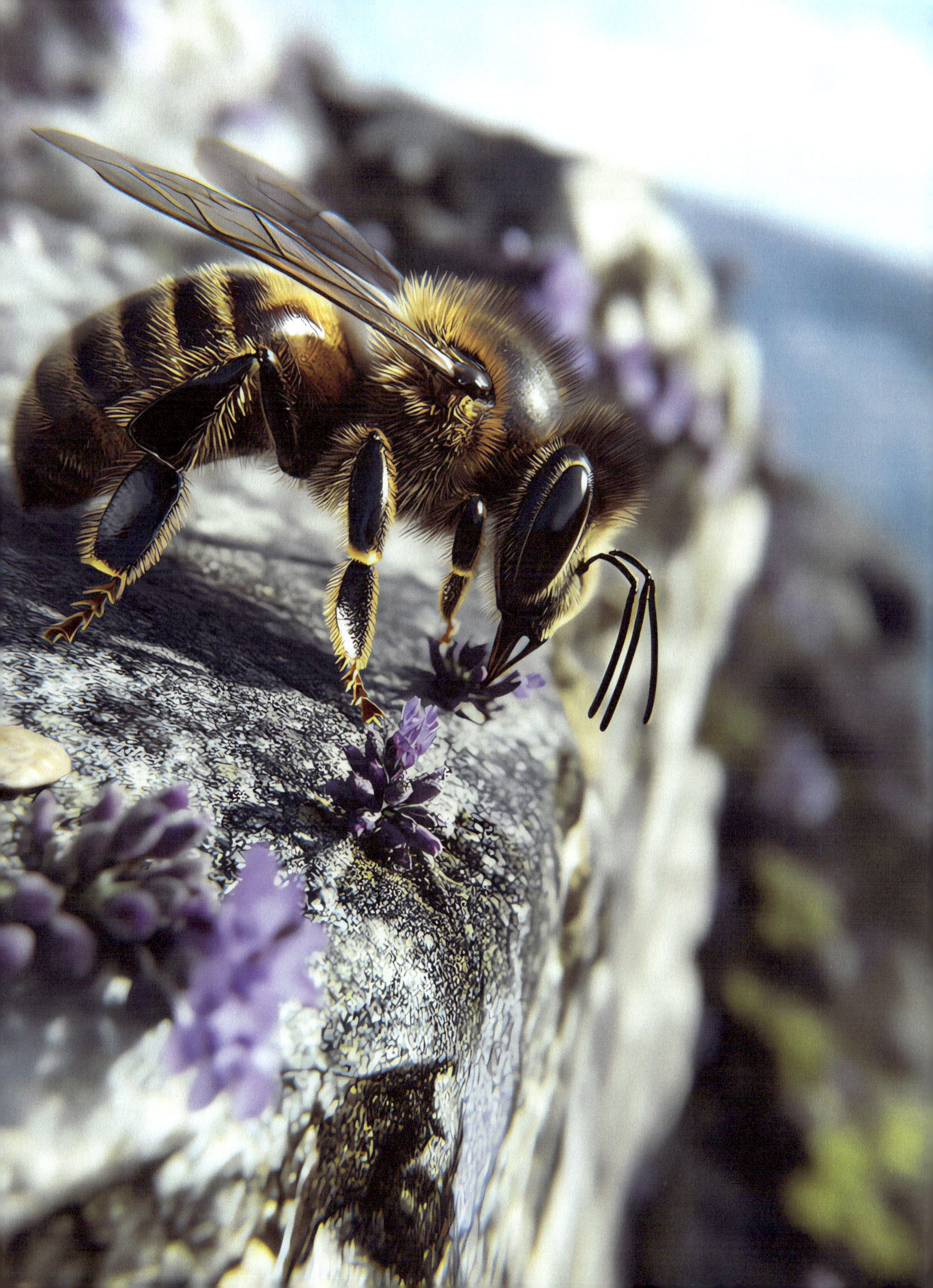

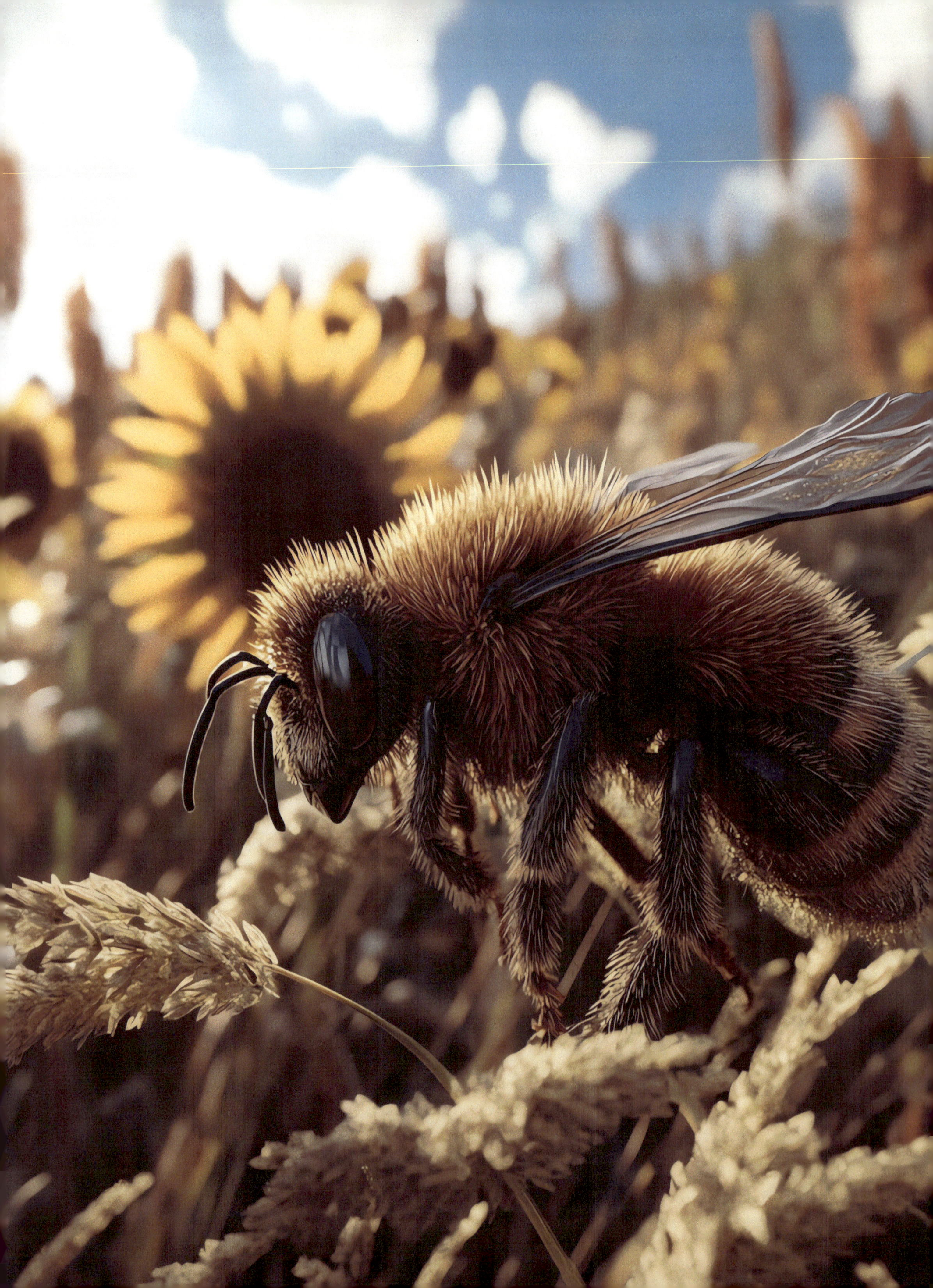

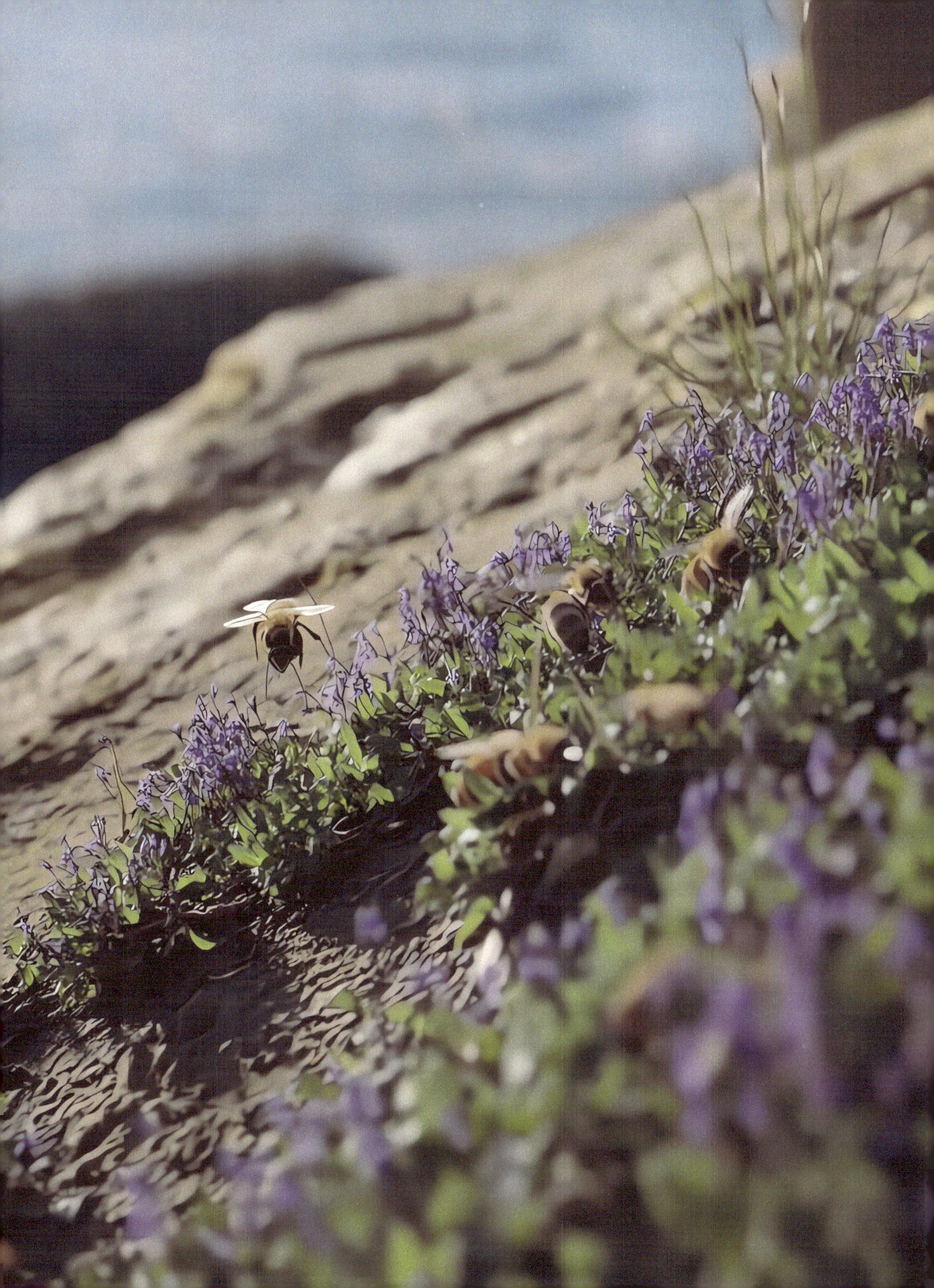

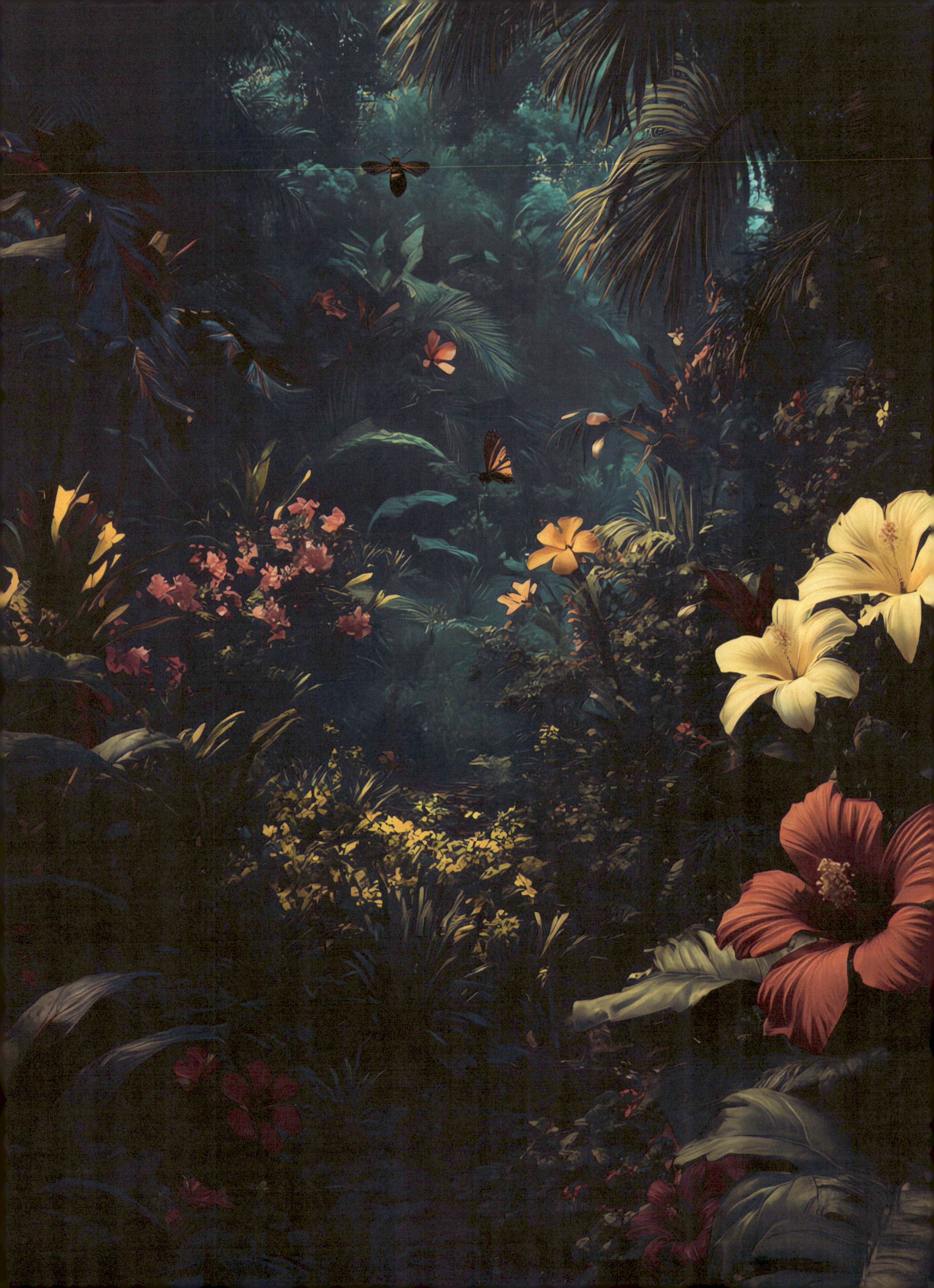

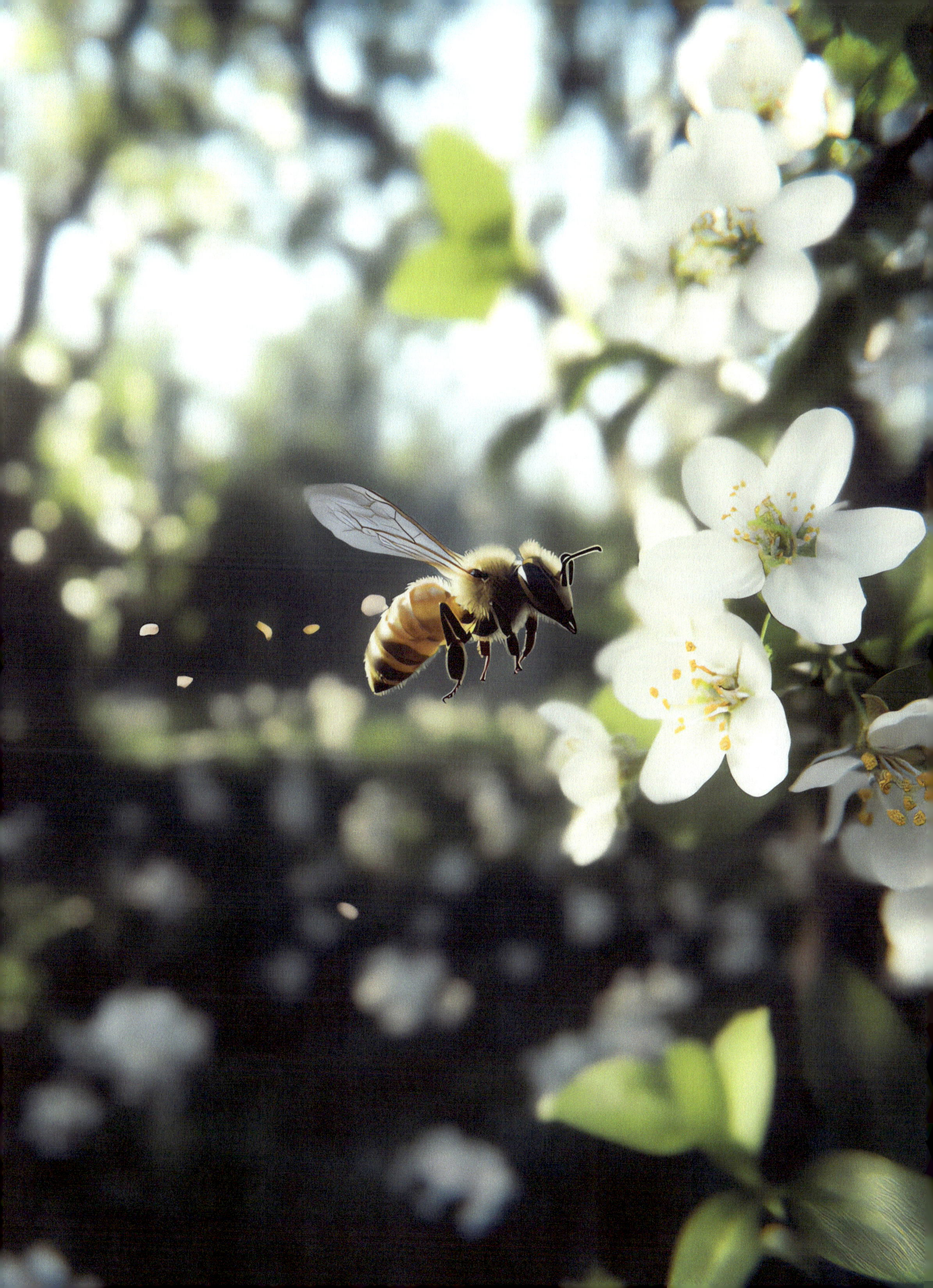

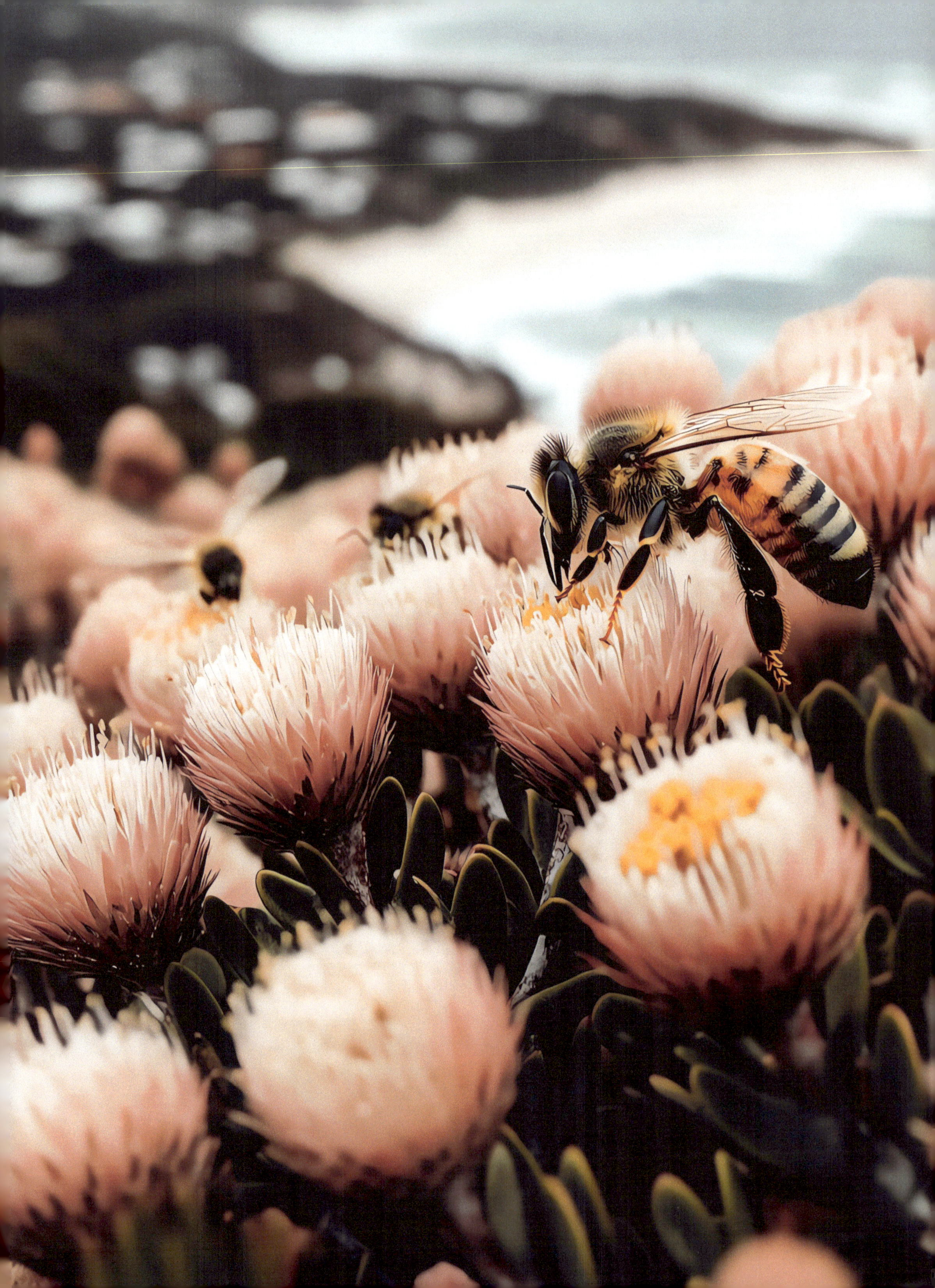

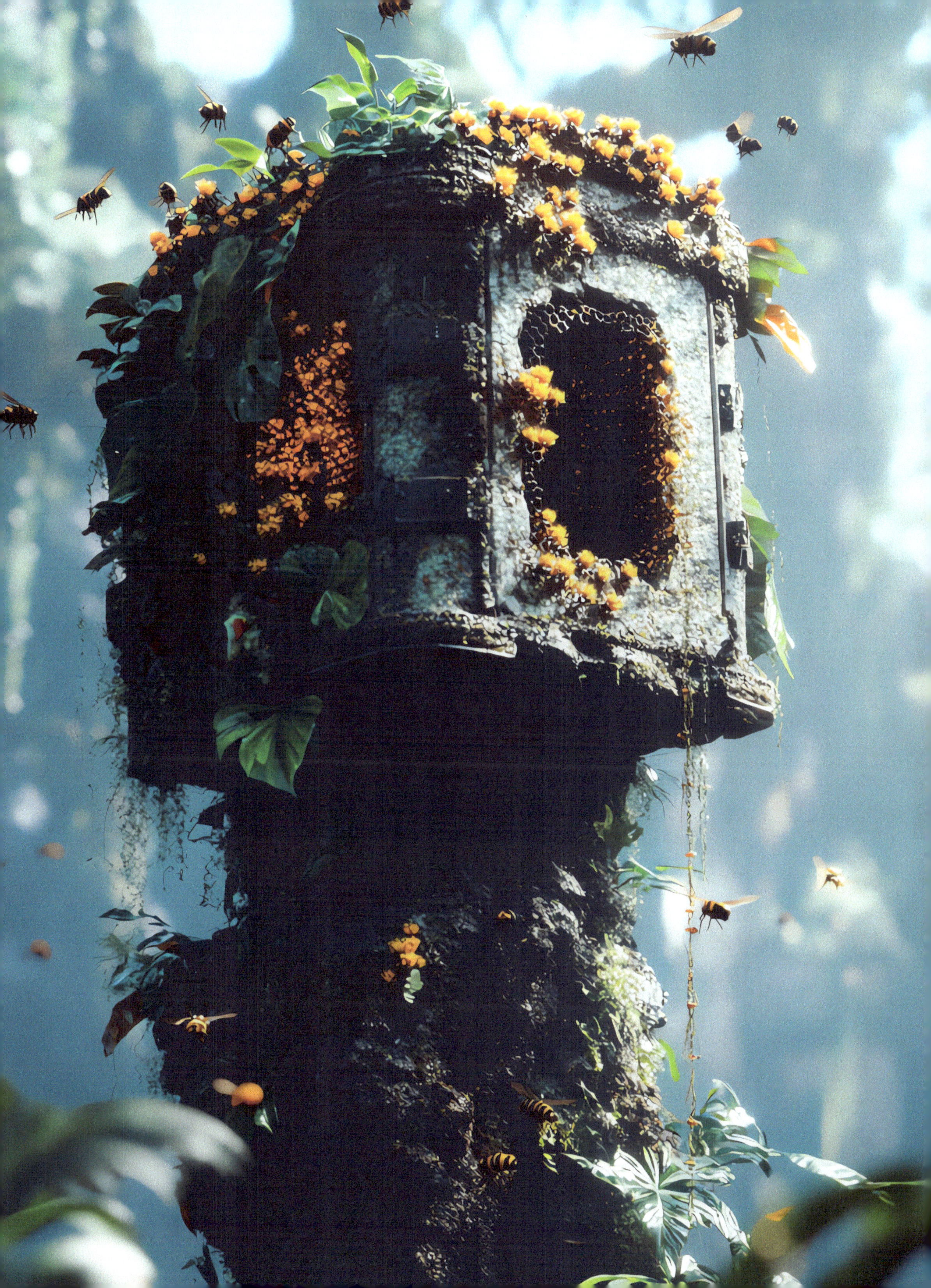

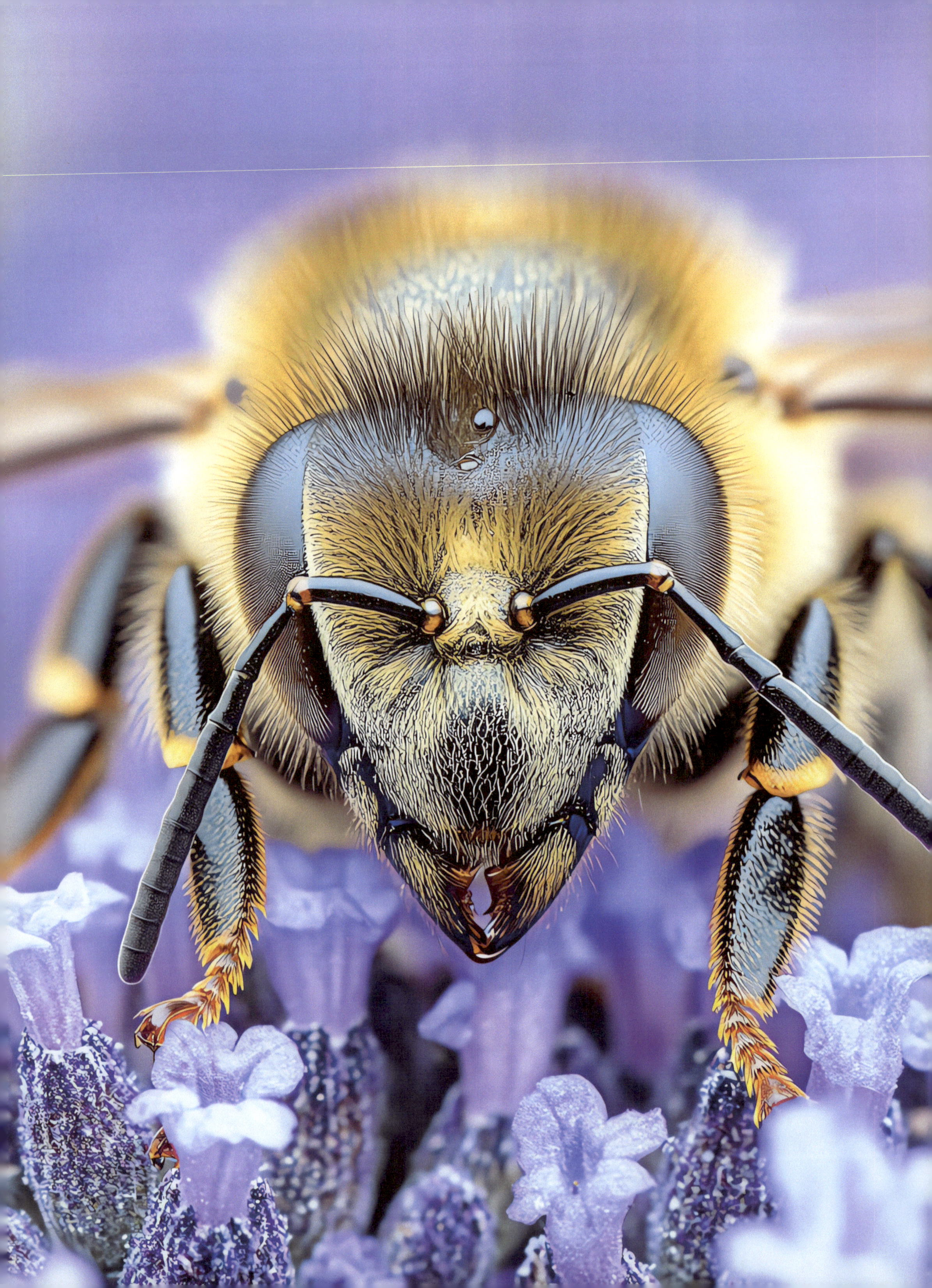

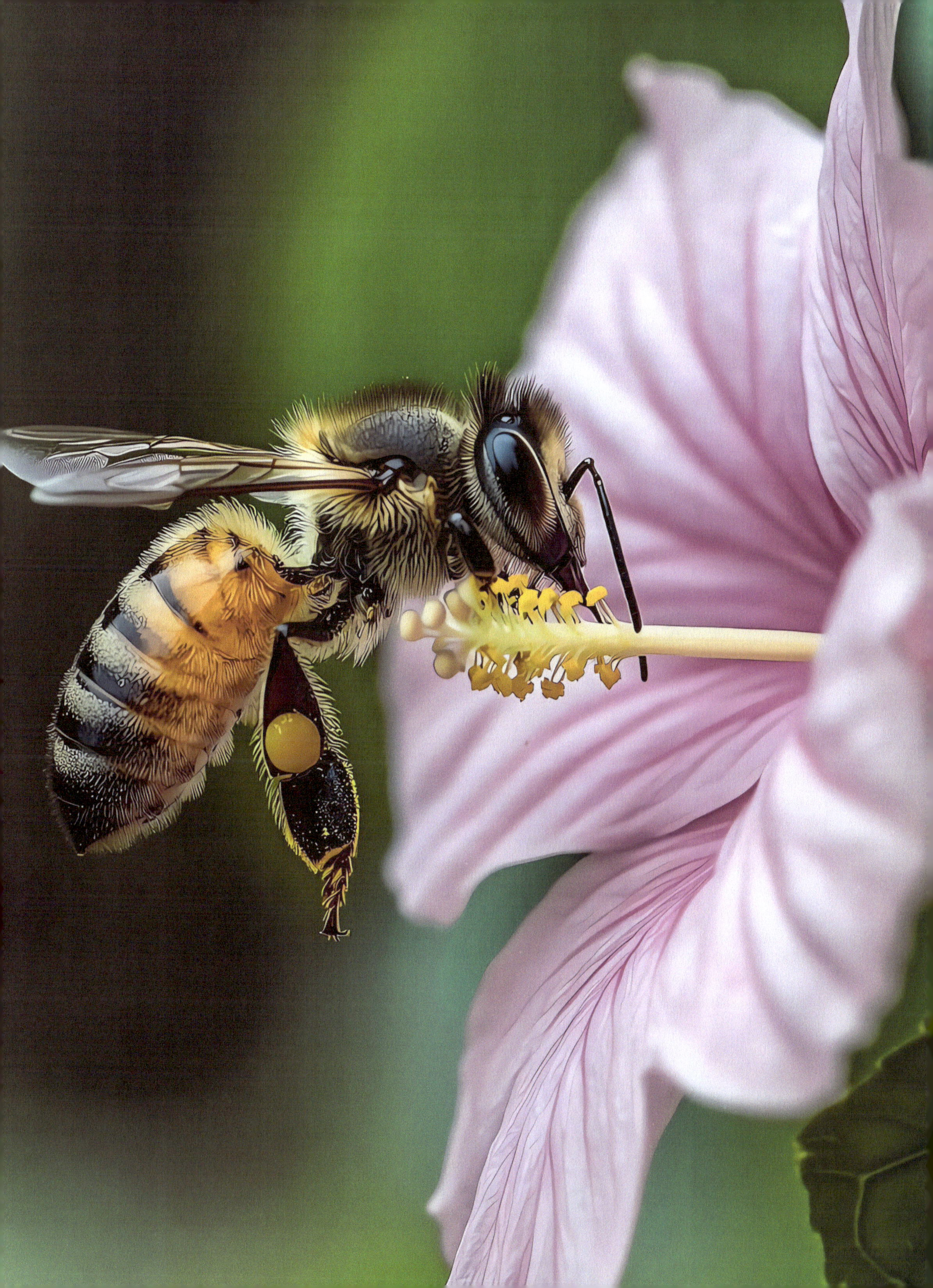

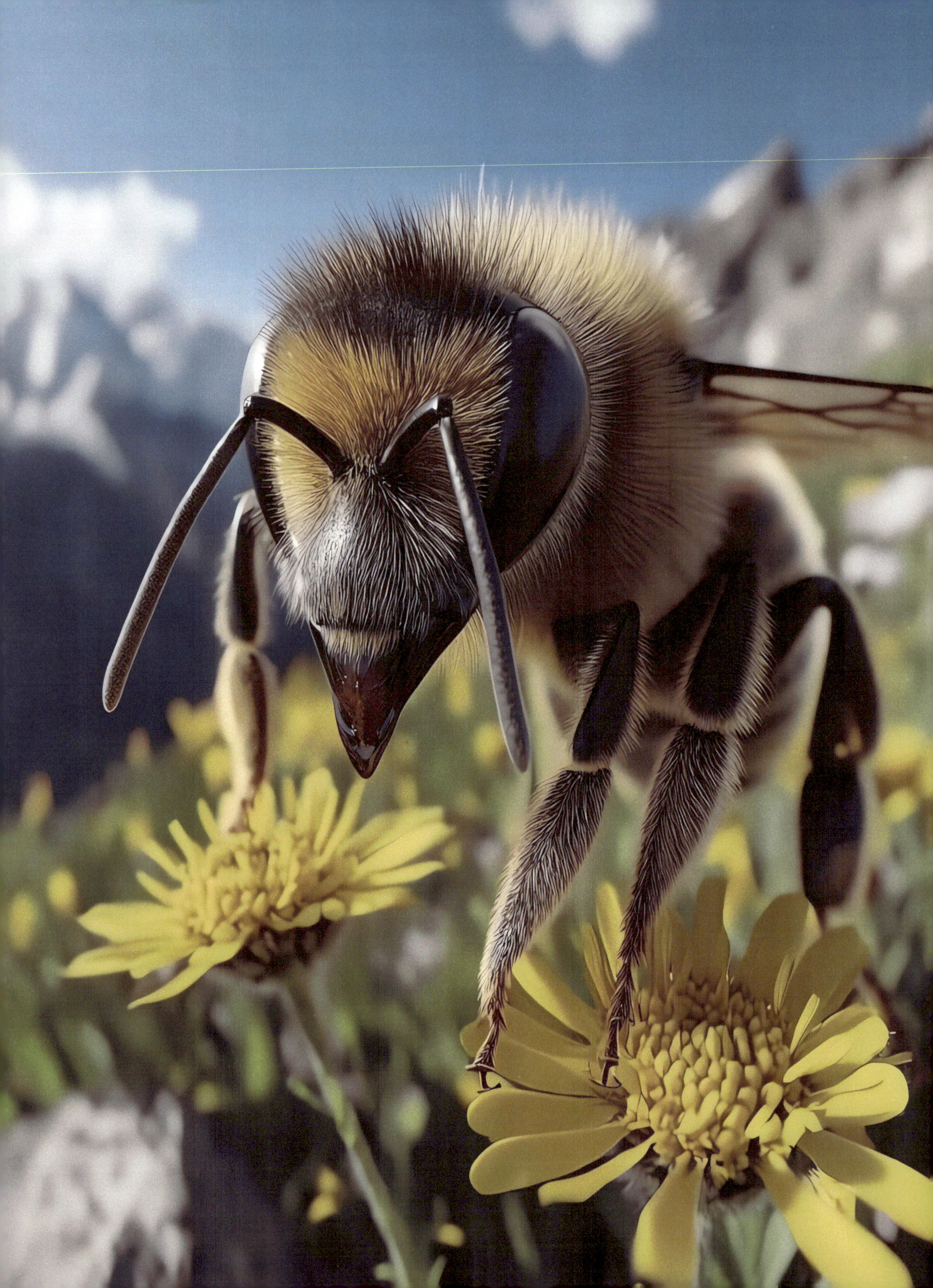

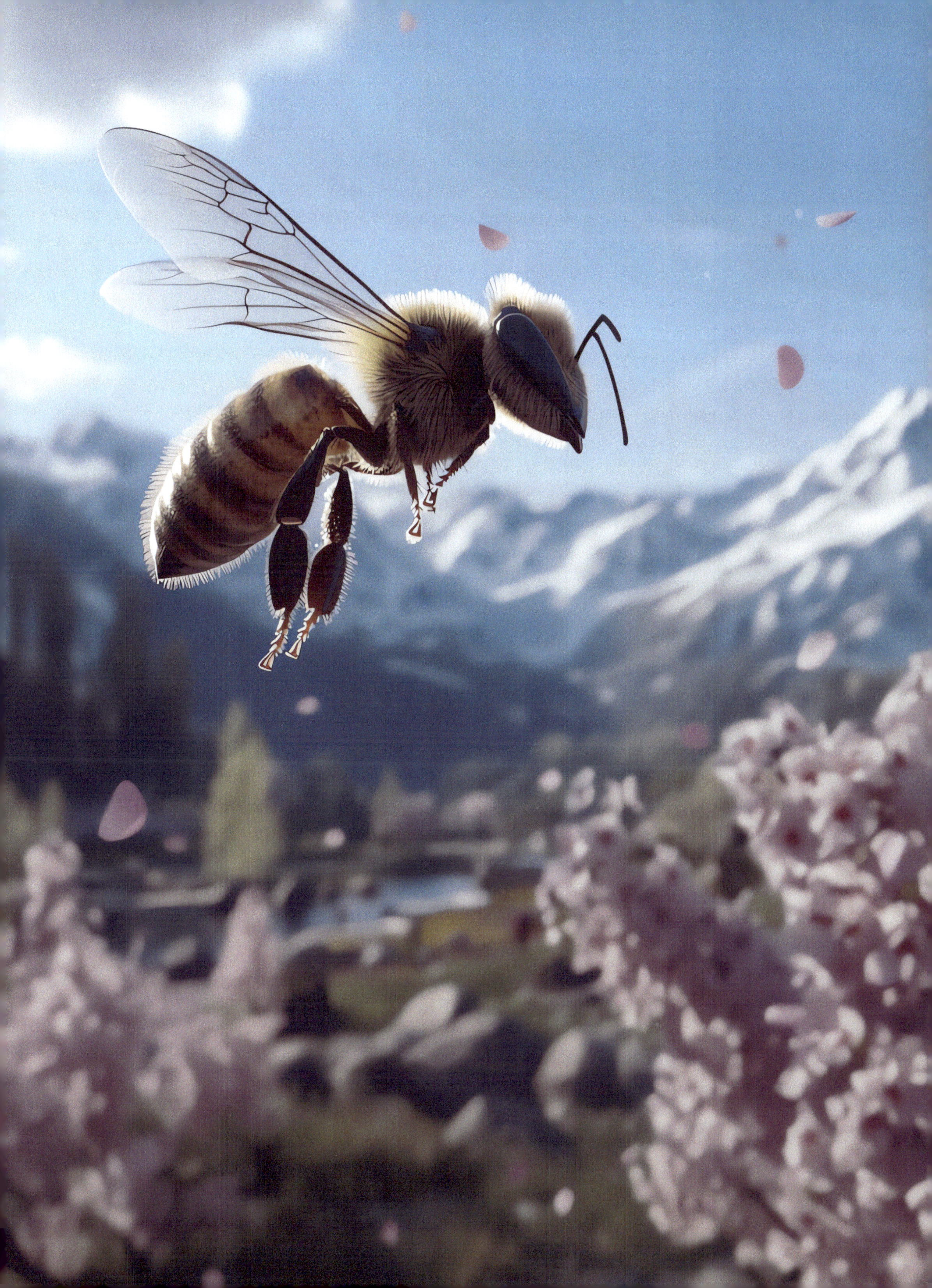

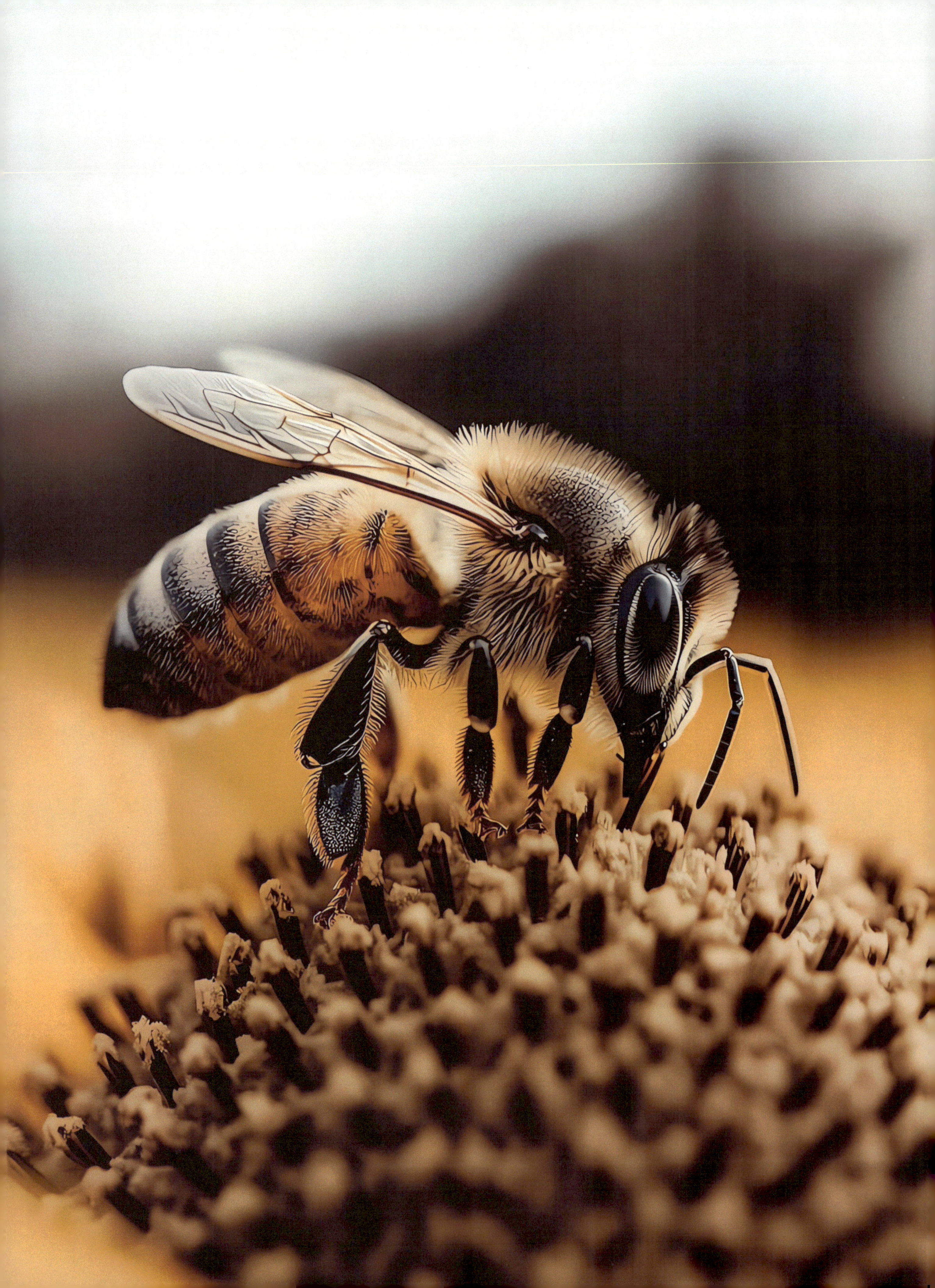

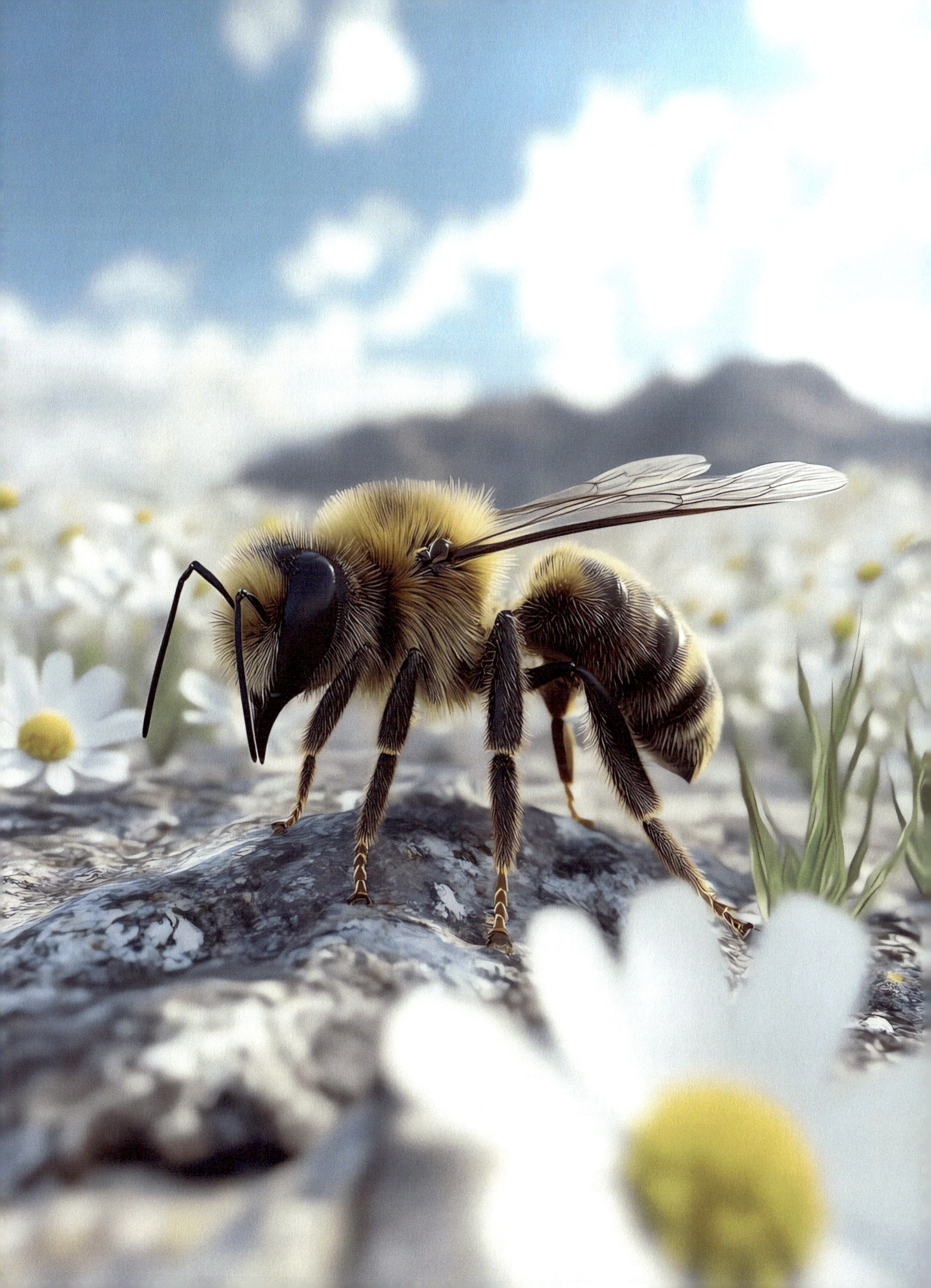

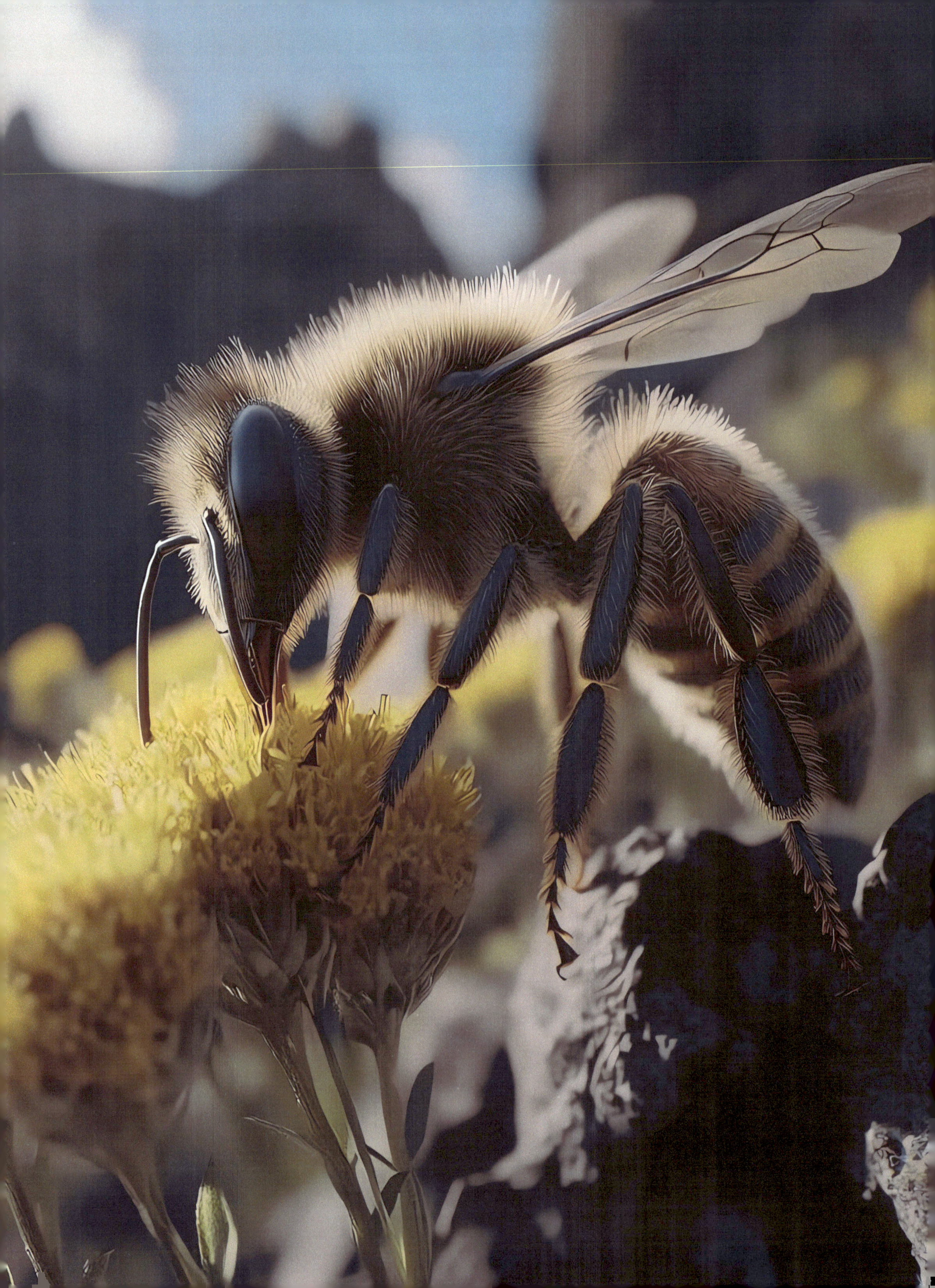

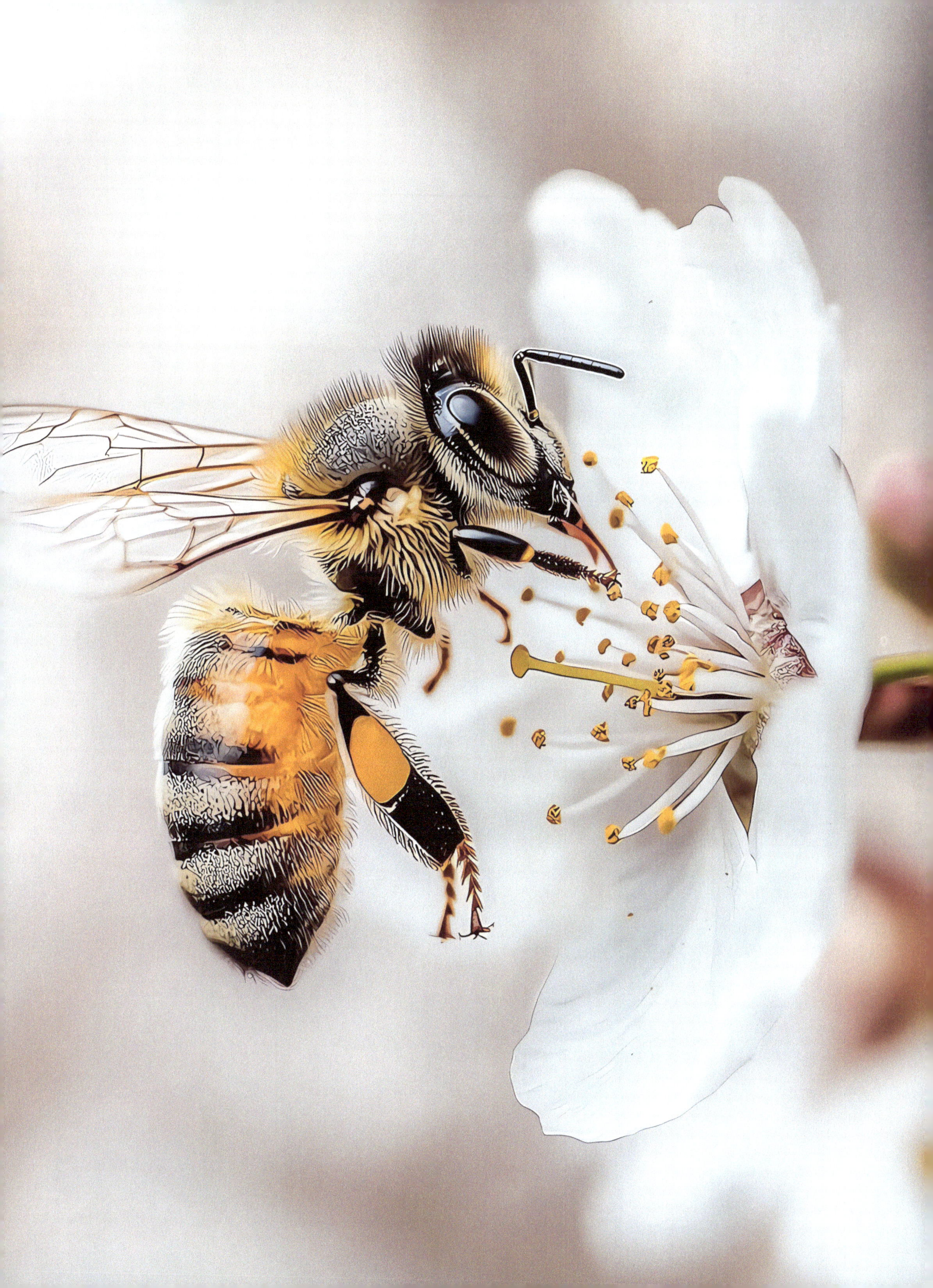

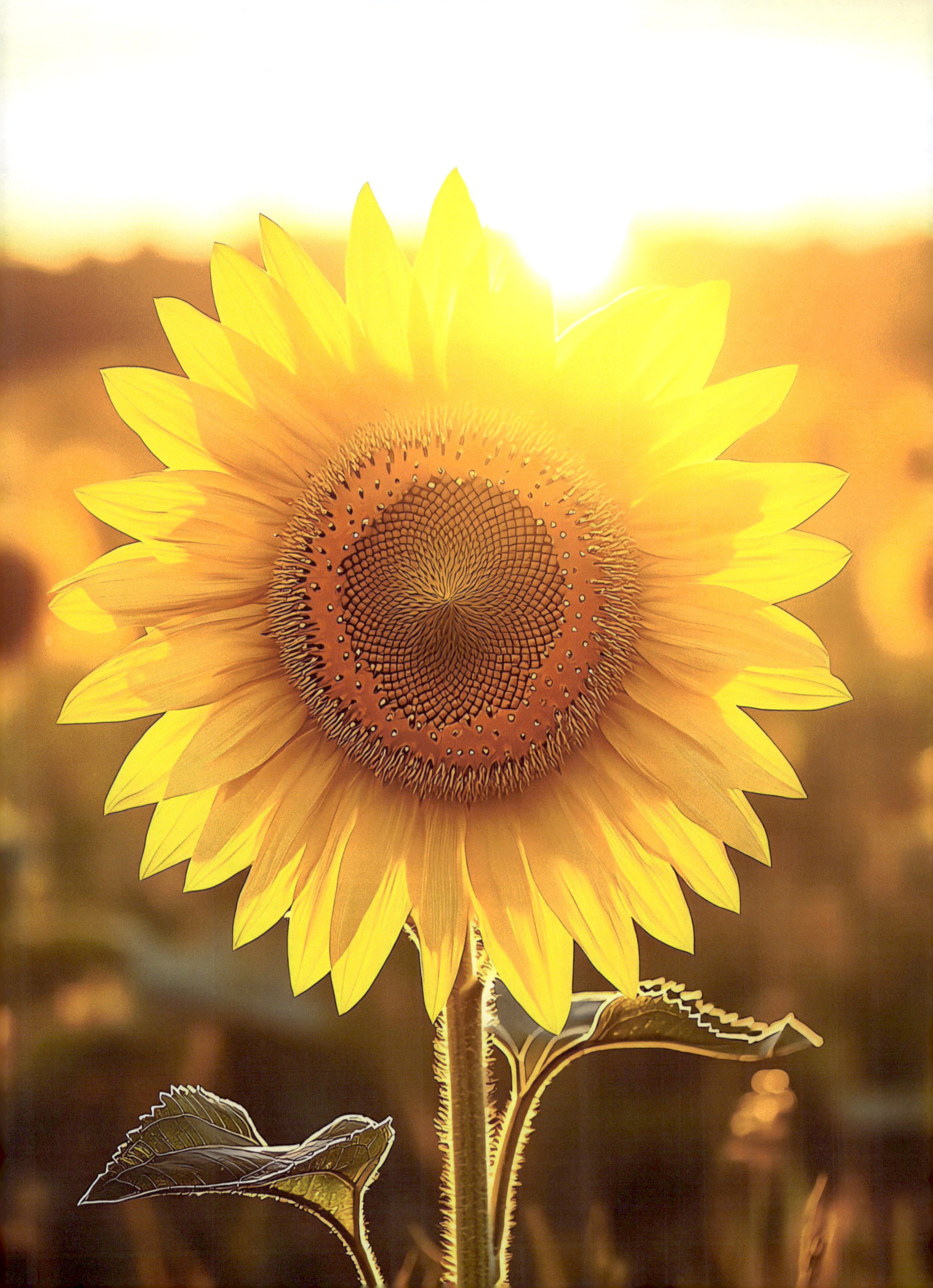

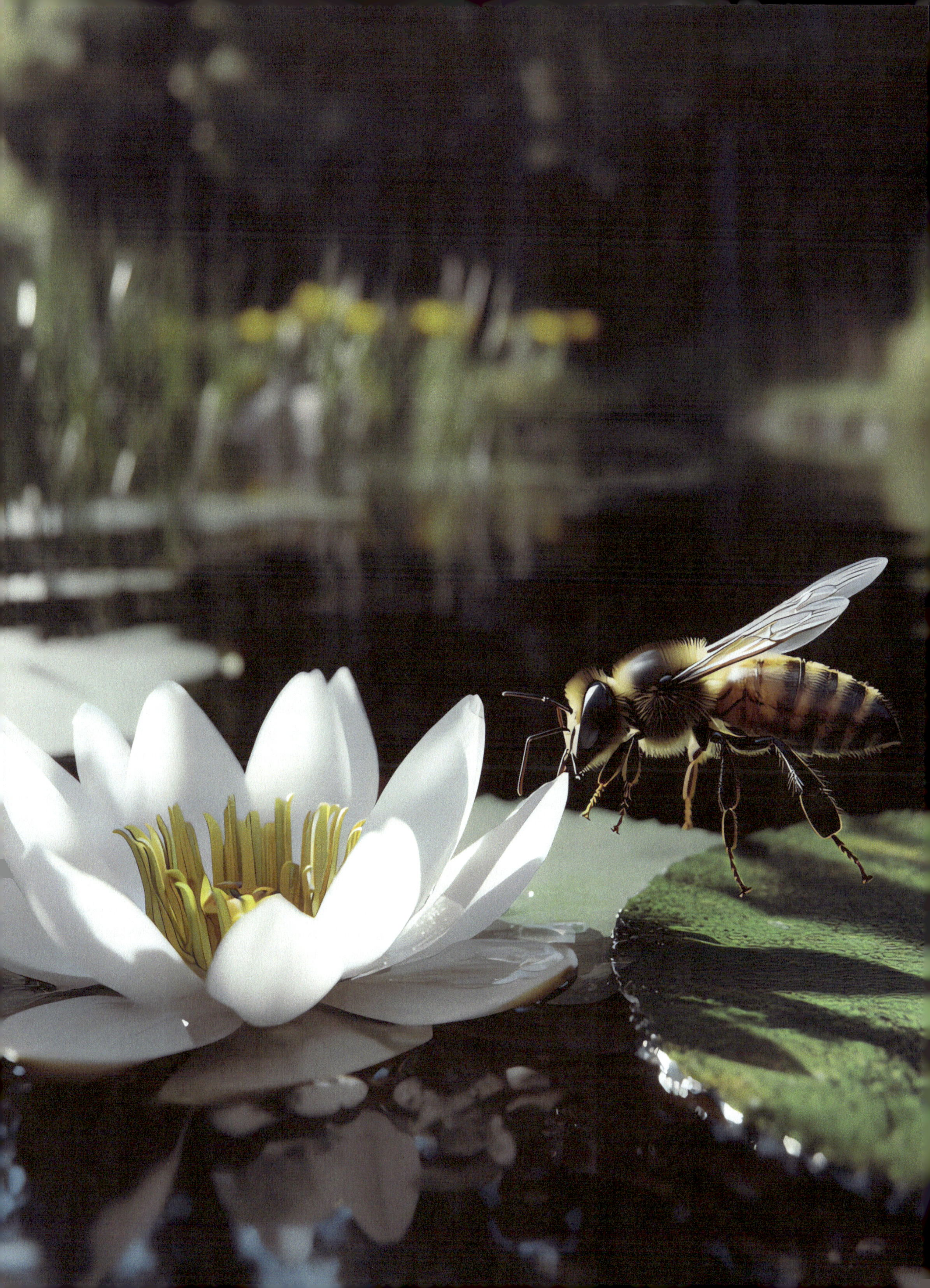

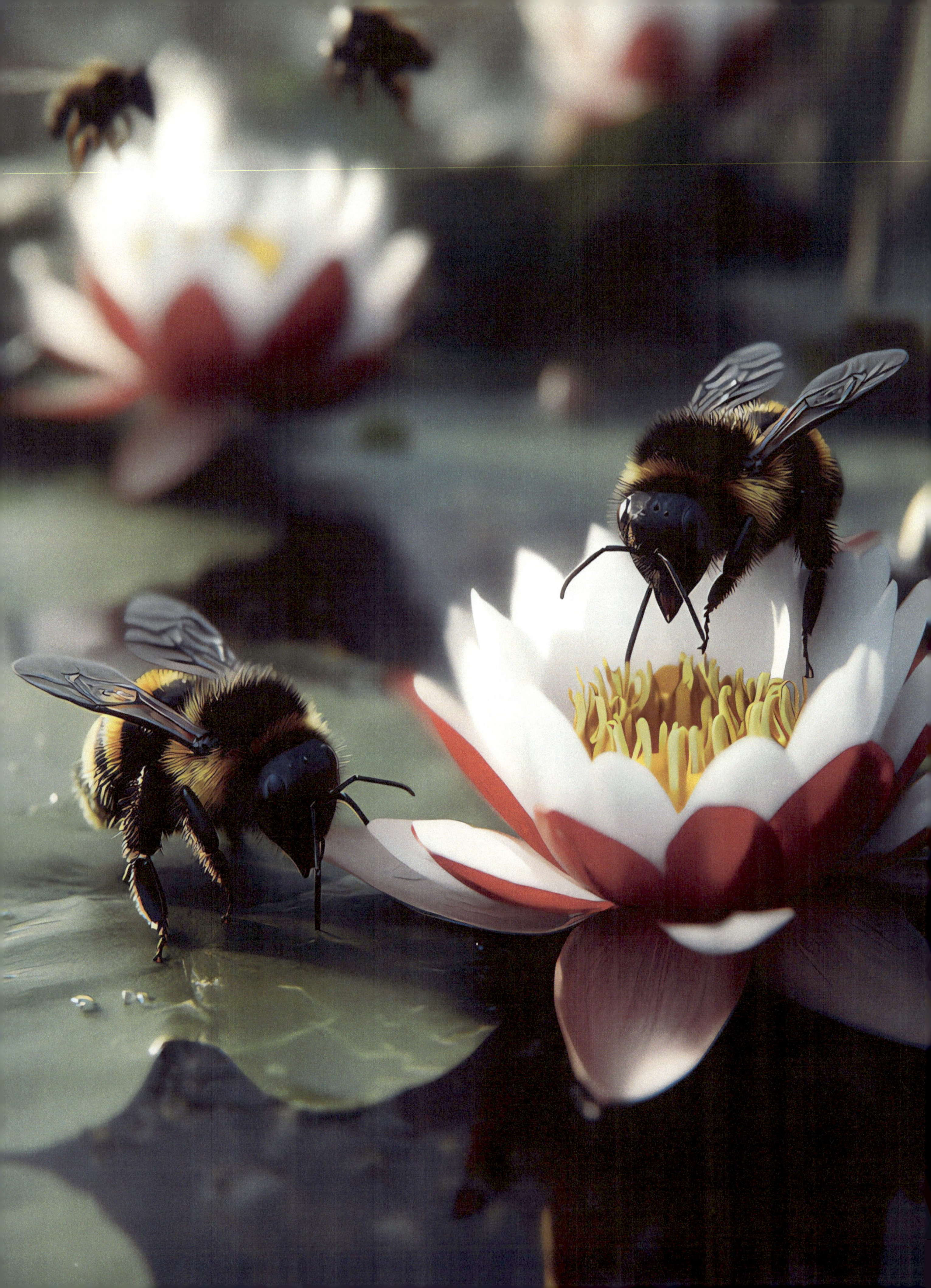

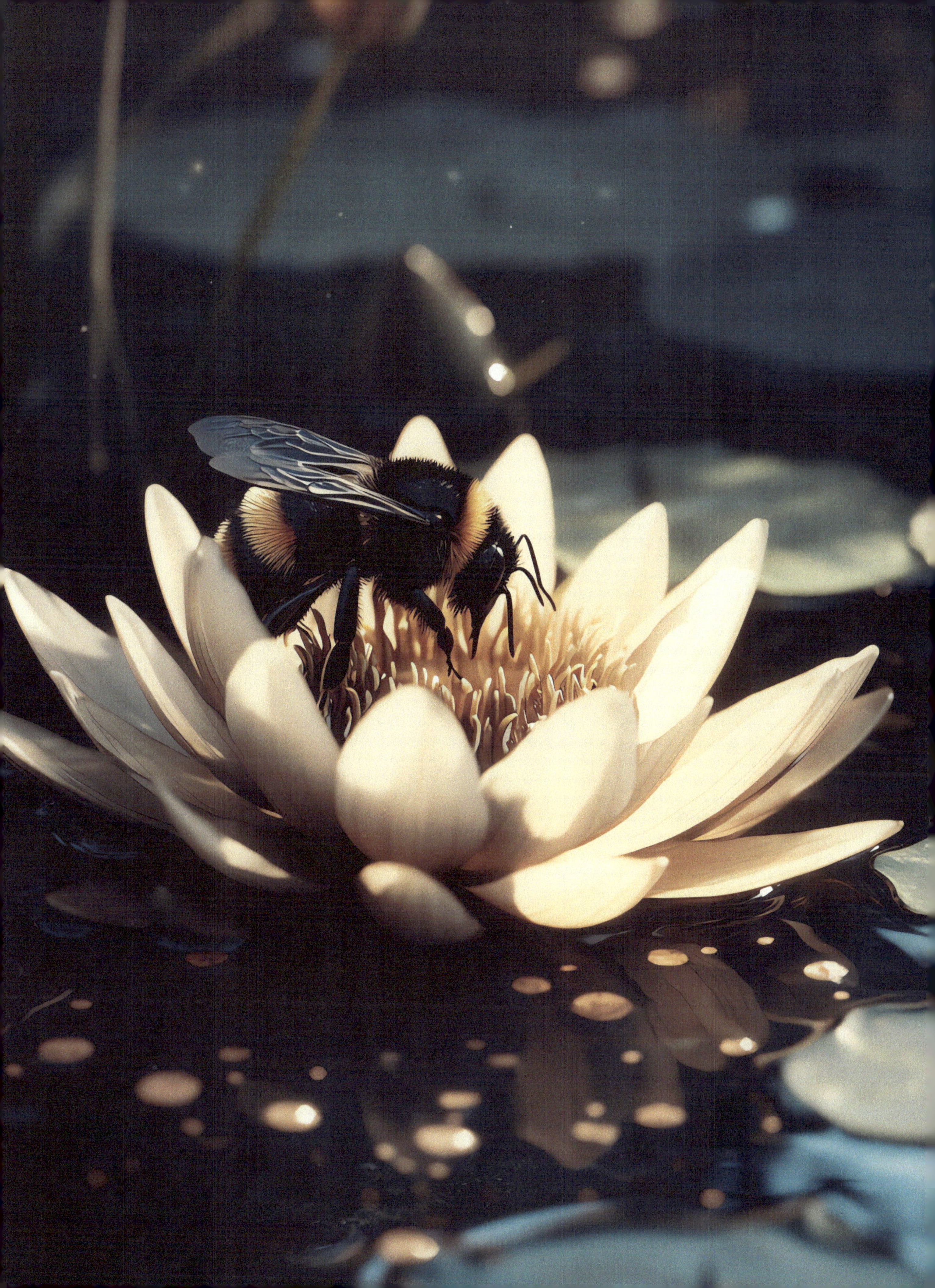

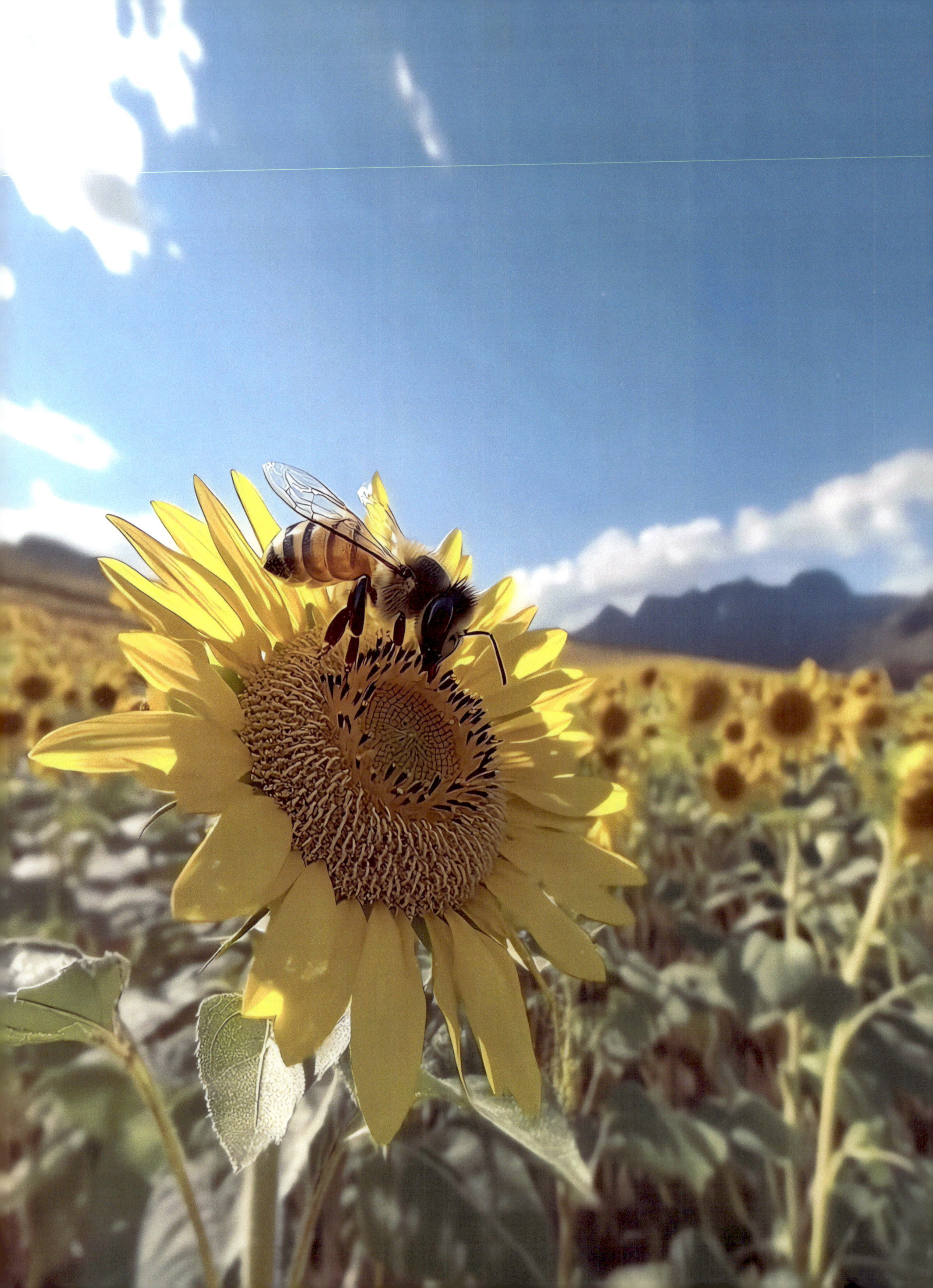

www.ingramcontent.com/pod-product-compliance
Lightning Source LLC
Chambersburg PA
CBHW040436220526
45473CB00004B/1452
* 9 7 9 8 3 0 3 3 4 8 3 0 1 *